高校特色美育文化形态生成与建构研究

李　奎◎著

中国商务出版社

·北京·

图书在版编目（CIP）数据

高校特色美育文化形态生成与建构研究 / 李奎著 .
北京 ： 中国商务出版社，2024. 12. -- ISBN 978-7
-5103-5532-5

Ⅰ. G40-014

中国国家版本馆 CIP 数据核字第 20253NW435 号

高校特色美育文化形态生成与建构研究
GAOXIAO TESE MEIYU WENHUA XINGTAI SHENGCHENG YU JIANGOU
YANJIU

李奎 著

出版发行：中国商务出版社有限公司

地　　址：北京市东城区安定门外大街东后巷 28 号　　邮　　编：100710

网　　址：http://www.cctpress.com

联系电话：010—64515150（发行部）　010—64212247（总编室）
　　　　　010—64515164（事业部）　010—64248236（印制部）

责任编辑：薛庆林

排　　版：北京盛世达儒文化传媒有限公司

印　　刷：宝蕾元仁浩（天津）印刷有限公司

开　　本：710 毫米 ×1000 毫米　　1/16

印　　张：11.25　　　　　　　　　　字　　数：185 千字

版　　次：2024 年 12 月第 1 版　　　　印　　次：2024 年 12 月第 1 次印刷

书　　号：ISBN 978-7-5103-5532-5

定　　价：79.00 元

前　言

FOREWORD

　　随着全球化进程的加快和信息化时代的到来，高校教育面临着前所未有的挑战和机遇。传统的知识传授模式已难以满足现代社会对高素质人才的多元化需求。如今，培养具备综合素质、创新能力和社会责任感的学生已成为高等教育的重要目标。而美育作为一种通过审美体验和艺术熏陶来提升个人精神境界和情感素养的教育方式，正逐步走向教育改革的前沿。美育不仅仅是培养学生的艺术修养，在塑造他们的审美观、价值观和人生观方面也发挥着不可替代的作用。

　　高校作为知识创新与文化传承的重要场所，其美育文化的形态生成和建构直接关系到学生的综合素质培养和校园文化的塑造。因此，在高校教育中深入研究美育文化形态的生成与建构，不仅具有学术价值，也对教育实践有着深远的影响。

　　本书以高校为主体，深入探讨了高校美育文化的独特生成路径与建构模式。结合理论与实践，书中详细分析了高校特色美育的文化形态生成，阐述了如何在新时代背景下，通过美育课程开发与建设、美育文化实践探索和多学科融合，构建符合高校特色的美育文化形态。本书聚焦美育的教育功能、文化传承以及在培养学生全面素质中的重要性，提出了美育在高校文化建设中的创新路径与发展策略。希望本书的研究与探讨，能够为我国高校美育的发展贡献一份力量，推动美育在高校的广泛应用与深入实践，促进学生全面素质的提升，为社会培养出更多具备高尚情操和审美能力的高素质人才。

本书的撰写得到了许多专家和学者的帮助和指导，在此表示诚挚的谢意。由于笔者水平有限，加之时间仓促，书中内容难免有疏漏与不够严谨之处，希望各位读者多提宝贵意见，以待进一步修改，使之更加完善。

作　者

2024 年 5 月

目 录

CONTENTS

第一章 美育概述

第一节 美育的基本概念和内涵

一、美育的概念

美育，作为一种教育形式，旨在通过对美的感知、欣赏与创造，丰富个体的审美素养与精神世界。美育的核心在于通过展示艺术形式和自然中的美，培养人们对美的感知能力，影响其思想与人格。美育不仅是艺术学科中的教育实践，还涉及更广泛的社会生活和文化领域，是全面发展教育中的重要组成部分。

美育的概念源于对美学和教育的交汇理解。在西方，古希腊时期的哲学家柏拉图与亚里士多德就曾探讨过"美"的价值及其对个人德行塑造的作用。柏拉图认为，音乐和诗歌等艺术形式能够通过美感的传递净化人的灵魂，培养理性思维，进而提升道德修养。这种对美的教育即美育思想的雏形。亚里士多德进一步指出，艺术与美学的教育有助于情感的调节，能够使人通过美的享受达到身心的和谐。随着时间的推移，美育的概念得到了更为系统的阐释与发展。德国美学家席勒在其《美育书简》中首次提出了美育的完整理论。他认为，美育不仅是通过艺术让人感知美，更是一种提升人的道德、审美能力及获得自由的手段。他主张通过美的教育使人摆脱物质和精神的束缚，实现人性和谐发展。席勒的美育思想深刻影响了后来的教育理论，成为现代美育概念的基础。

在中国传统文化中，美育的思想同样根深蒂固。儒家文化提倡"诗教"和"乐教"，通过音乐、诗歌的艺术教育培养人的德行与礼仪。孔子认为，音乐与礼仪不仅能够陶冶情操，还能使人形成良好的品德。音乐与诗歌作为美的表现形式，承载了社会道德与规范的教育功能，这与现代美育的理念相契合。

现代美育的概念不仅体现在艺术教育领域，还涉及更广泛的生活体验与社会文化。美育不仅通过艺术作品引导人们欣赏和体验美，还通过美的形式促进道德发展和文化认同。通过美育，个体能够在日常生活中发现和欣赏美，增强其对社会、自然与文化的理解与尊重。这种审美意识的提升，有助于推动社会的和谐发展与增强文化多样性。

综上所述，美育的概念不仅是一种对美的教育，更是一种通过审美体验和情感熏陶，促进个体全面发展的教育手段。它涵盖了从艺术教育到社会生活的各个层面，强调通过美感的体验与理解来提升个体的情感认知、道德修养和文化素养。

二、美育的内涵

美育的内涵是多层次、多维度的，其核心在于通过美的体验与实践，促进人的全面发展。美育不仅是艺术教育的延伸，更是通过美的感知和创造，使个体在精神、情感和人格上获得成长与提升。美育的内涵主要体现在审美能力的培养、情感的塑造、人格的提升以及文化认同等方面。

首先，美育通过艺术、文学、音乐等形式引导个体感知、理解和体验美，从而提高其对美的鉴赏能力。通过美的感知，个体能够发现生活中的美，并在审美过程中形成独特的审美标准和美感体验。审美能力的提升不仅是对美的感官体验，还是对美的理性分析与理解。这种能力使个体能够在复杂的社会环境中进行美的判断，并在艺术欣赏和生活体验中保持对美的敏感。

其次，通过美的体验，个体能够更好地理解和表达情感。艺术作品中的情感表达通过美育传递给欣赏者，使其能够在审美体验中与作品产生情感共鸣。这种共鸣不仅能够增强个体的情感认知能力，还能通过艺术化的情感表达帮助个体在生活中更好地处理和表达情感。美育通过对情感的熏陶，使个体在审美体验中获得精神上的满足与心灵的净化。

再次，美育不仅通过美的形式塑造个体的审美意识，还通过美的教育帮助个体形成良好的人格品质。美与善常常联系在一起，美育通过审美体验引导个体追求真、善、美。在这一过程中，个体不仅提升了对美的认知，还通过美的感知与创造增强了道德意识与社会责任感。美育通过艺术、文化的教育引导个体向往善良、正直、宽容等道德品质，进而形成健全的人格。

最后，美育内涵的多样性还体现在其对创造力与想象力的培养上。美育不仅是对已有美的感知与欣赏，还通过激发个体的创造性思维，促使他们在艺术和生活中创造新的美。通过美育，个体能够在已有的美学框架中进行创新，并通过个人的审美体验与理解创造出具有独特价值的艺术作品或生活方式。这种创造力的培养，不仅增强了个体的艺术表达能力，还对他们的工作、学习以及社会生活产生了积极影响。

综上所述，美育的内涵是丰富且多元的，它不仅体现在艺术教育中的审美培养上，还涵盖了情感塑造、人格发展、文化认同以及创造力的培养等多个方面。通过美育，个体能够在精神和文化层面得到全面的提升，从而在社会中更加自信、包容、富有创造性地生活与发展。

第二节 美育的性质与特征

美育，也叫审美教育、美感教育。美育是一种以"美"为手段教育人的特殊教育。美育有实践意义上的美育和理论意义上的美育两种概念，前者指以美育人的实施过程；后者是对前者的理论概括和阐述，可称美育学。

美育作为一种理论，既是美学的一部分，又是教育学的一部分，前者可谓"美学的教育学"，后者可谓"教育学的美学"。

一、美育的性质

（一）美育是审美的人格教育

美育的性质是什么？美育是一种审美的人格教育。就是说，美育以"美"为手段，通过审美活动，让美滋润人的心灵，培育人的美好情操和审美修养，塑造美好的人格。

（二）美育是情感教育和形式美感教育

1. 美育是一种情感教育

美育是一种审美的人格教育。那么，美育是通过什么实现人格教育的呢？美育是通过对人的情感熏陶而实现人格教育的。就是说，美育本质上是一种情感教育。对此，可以从以下几个角度来理解。

（1）从"美学""美育"的特定内涵看，美育主要涉及人的情感领域

美学研究的对象是感性认识（情感）的完善，而这种完善就是美；与此相反的就是感性认识（情感）的不完善，就是丑。可见，作为独立学科的"美学"与人的情感是紧密相连的，美学实际上就是"情感学"。而美育概念的提出者席勒认为，美育的性质和任务就是要在感性和理性的领域之外开辟一个新的消除了感性和理性束缚的高尚的情感领域，使人获得精神上的解放，培养完美的人格。从"美学""美育"概念的提出及其作为两门独立学科的定位，可以看出它们都涉及人的情感领域，这就从一个方面印证了美育情感教育的性质。

（2）从审美的性质及特点看，美育是在审美活动中展开的教育

美育本身就是一种审美活动，而审美活动的性质和美感的特点决定了美育是一种情感教育。审美活动实质上是一种情感体验，审美主体对美的把握，在心理上展开的主要是情感而不是理性认识或道德意志，审美对象引发的愉快主要是情感愉快。就是说，审美对象对审美主体的作用是由悦目悦耳到悦心悦情，审美过程就是一种情感自我陶冶的活动，美育作为一种审美活动也是一种情感自我陶冶的活动；而从教育学的角度看，美育就是一种借助美对受众进行情感的教育方式。

（3）从教育价值观看，美育也不同于德、智、体的教育

德育主要是对人们进行思想和伦理道德方面的教育，它体现着"善"的要求；智育主要是传授知识、技能，开发人们的智能，它体现着"真"的要求；体育主要通过运动和锻炼，促进人的健康水平，它体现着"健"的要求；而美育则主要

是通过对人的情感美化作用培养人的美感情操，使人的审美心理结构完善、人格完美、个性和谐发展，它体现着"美"的要求。

2. 美育是一种形式美感教育

美育作为一种情感教育，又是通过形式美感的教育来实现的。就是说，美育又是一种形式美感的教育。对此，可以从以下两个方面来理解。

①美育是以"美"育人的教育。我们知道，美，无论是艺术美还是自然美、人的美、文化美，都呈现为生动的形象。美只能在形象中表现。而审美活动——不论是美的欣赏还是美的创造，都是通过形象感知来实现的。换句话说，在审美活动中，审美对象都是以其鲜明生动的形象（由色彩、线条、形体、声音等形式因素构成）诉诸人的感官，影响人的思想感情的。美和审美活动的这一形象性特征决定了美育必然是一种"审美形式感"或称为"形式美感"的教育。

②在审美教育活动中，审美主体对美的欣赏，必须保持一种非功利的心态，即对对象无所求、无所为、无欲望的超然的、静观的心态，也就是不涉及对象的"实质性"内容。美感教育就是这样一种形式美感教育，是一种超越功利、超越实用、超越世俗的形式美感教育。

美育的独特性，就在于通过各种美的形象来触发人的情感，以美感人，以情动人，从而起到潜移默化的感染和教育作用。美育主要是一种通过形式的感受达到情感熏陶的情感教育。

综上所述，美育是一种情感教育和形式美感教育有机统一的人格教育。

二、美育的特征

为了更好地开展和实施美育，需要深入研究和了解美育区别于其他教育的特征。美育的特征，主要表现在以下几个方面。

（一）美育的形象感染性

美育通过各种美的事物来育人，引起人情绪上的波动，以达到美的陶冶和教育。美育具有形象感染性的特点。

美育的这个特点，是由作为教育手段的美本身的特点决定的，因为各种形态的美，无论是自然美、社会美还是艺术美，都是以具体的、可感的形象表现出来的，离开了具体的形象就没有美。所以，形象在美的领域中占据统治地位。在审美教育活动中，正是那些多姿多彩的美的形象，唤起了我们的审美情感和审美欲望，使我们得到了美感享受和精神上的愉悦，从而达到"怡情养性"的目的。

在大自然中，那高耸的山峰、浩瀚的海洋、一望无际的草原、姹紫嫣红的鲜花等，无不令人心旷神怡、流连忘返。

自然美如此，社会美（包括精神美、人格美、生活美等）也如此，都是以具体形象来感染人、教育人的。

艺术美是社会生活和自然的审美反映，是美的高级状态，它的形象较之现实美更集中、更生动、更鲜明。艺术美正是通过生动的形象给人以审美享受和教育的。

在审美教育中，美的事物是教育的手段，因此无论是从审美教育的内容来看，还是从它引起受教育者的审美感受来看，审美教育始终离不开感性形象，形象感染性是其独有的特征。

（二）美育的情感体验性

在美育过程中，受教育者对美的接受实际上是一个审美过程，而审美过程就是对对象的情感体验的过程，这就决定了美育具有情感体验性特征。

当然，审美的情感体验性又是由美的无概念性所决定的。康德曾指出，审美是一种趣味判断或鉴赏判断，它不同于单纯的快感，也与逻辑判断不同，逻辑判断涉及概念，而趣味判断不涉及概念，只涉及对象形式。所以趣味判断不是一种理智的判断，而是一种情感的判断；不是逻辑的判断，而是体验性的感悟。

美的形象之所以能引起人的审美情感，是由于它肯定了人的本质力量，凝结着人的创造智慧与理想，因而最容易与人的情感相沟通，给人带来欢乐和精神鼓舞。一个人审美情感的产生，不会是无缘无故的，必然是情感体验的结果。体验，具有亲历性的特点，是人的一种基本生命活动，有"以身体之，以心验之"的含义。在审美体验中，主体从对审美对象的形式、形象的感知进入其内在意

蕴、意味的层次，进入意义的世界、情感的世界。

美育是一种情感体验性的教育，而情感的教育与开发，只能通过情感的作用。

（三）美育的审美自由性

席勒曾经指出，在审美的国度里，每一个人都是自由的公民。美育作为审美的一种方式，其整个过程是自由的，它使人的情感、个性得到了自由的舒展。

美育的自由性从根本上说也是由美的本质特征决定的。美是非功利的，因此美成为自由的象征。美是不涉及利害和概念的纯形式，即自由形式；审美不受利害和概念的纠缠，是自由的心灵活动。美是内容和形式的统一，是对象的形式特征表现人的自由创造活动内容的感性形象，美是在劳动中、实践中自由创造的。总之，美、审美是自由的，从而美育是自由的。

在处于自由状态的审美活动中，人只有成为真正的审美主体，人的主体性才能得到充分的发挥。人的审美自由是与人类的整个社会实践和社会条件密切相连的，而且体现为一个发展的过程。自由是对必然的认识与对客观世界的改造。但是，人类的审美活动之所以不同于其他活动，就在于它既表现为一种主体性活动，同时又是一种对象性活动，这是人的生命活动的自由本质的反映。

审美的自由性特征决定了美育只能以自由而不是强迫的方式进行。一个人可以在强制状态下做某件事，却不可以在强制状态下去爱或恨某事某人某物。美育中受教育者对美的体验及由此产生的爱或恨，都是自由自觉的，不受任何限制，这是美育与其他教育的不同之处。智育与德育固然重要，但也要调动受教育者的积极性与自觉性。学科本身的严肃性与逻辑性决定了受教育者必须克制自己的情感，接受与适应理性思维的训练。德育的原则虽然是人为制定的，但也反映了社会生活准则，难免带有一定的强制性，否则无法维持人们正常的工作与生活秩序。而只有美育，摆脱了狭隘的物质与精神的束缚，因而在方式上是轻松自如的，是能够满足个人的情感爱好与心理需要的，是能使审美主体总是处于一种精神自由的状态的。因此，美育的一个重要特点就是"通过自由去给予自由"。

审美的自由性特点，要求美育必须遵循美自身的发展规律对人进行教育。

美育，实际上就是把美的必然性转化为自由。这种转化，是一个不断丰富与深化的过程。所以，美育不是短期行为，不是一劳永逸的事情，而是要伴随人的一生的。当然，对不同的人和人的不同发展阶段，美育的方式和内容也应该是有所不同的。

（四）美育的同化与超越性

审美教育能使人自觉自愿，主动积极地接受教育，又能使人于不知不觉中受到美的感染，如"随风潜入夜，润物细无声"，这就是美育对人的潜移默化的作用。在潜移默化中，受教育者不但被熏陶而同化，同时还能使人超越个人的局限、超越现实功利的束缚，进入忘我的审美境界。

美育的潜移默化是自然而然发生的，是在审美主体主动、欣然接受美的过程中发生的。人们在对美的自由欣赏中，往往会情不自禁地沉醉于赏心悦目的美的形象和情景中，如对美丽自然风景的流连忘返，对优美音乐的聆听，在意蕴深沉的绘画作品面前驻足凝视，因幽默诙谐的戏剧发出笑声……在这个过程中，审美主体不仅感受到美的无穷魅力，还领悟出许多深刻的人生哲理并被同化，从而使自己在现实生活中自然而然地去追求美的理想和美好的生活方式。

美育的这种潜移默化的影响，不是一朝一夕完成的，而是日积月累、逐步加深的"同化"过程。由于长期作用，审美教育可使人形成稳固的心理结构和心理定向，从而对人的性格、气质、精神等产生长远而深刻的影响。经过长期的美的陶冶，人们会在不知不觉中感到不良的、低级的、丑恶的东西是不可容忍的。长期的审美教育，使受教育者的情感潜移默化地接受美的熏陶，精神境界趋于高尚，最终到达欲罢不能的境地。

人类创造的美总是体现着人对生活、对现实的超越性追求，体现着对世俗欲望的超越，也体现着某种超越性的创造。这就决定了美育必然具有超越性特征。它使人们能够在接受美的教育过程中，超越世俗功利，超越现实的局限性，在创造性的想象中，实现由现实世界向审美世界的转化，实现从物质世界向精神境界的升华。

审美的超越性充分体现了人要不断开创更广阔的生存空间，不断地更新自我、提升自我，争取更高自由度的独特本性。审美的积极意义在于：在突破现实世界的各种界限的同时，开创了一个使个体的情感生命得以伸展、丰富与升华的人生的新维度。

审美超越最终归结于个体生存的自我超越。在审美中，无论是对物质实在性的超越，还是对社会现实的超越，都根源于并体现了审美主体的自我超越，这种自我超越是对个体现实存在的否定，是向着更高自由的生存状态的飞跃。

审美世界对现实世界来说是一种理想，它属于未来；但对于个体生存来说，它又是一个真实的、现时态的心灵空间，是情感生命栖息、生长的寓所。审美的生活和诗化的人生，可使人生变得充实和高尚，从而超越充满物欲的世俗人生。审美超越不仅具有不断指向未来的意义，更重要的是它改变着人的生存状况，实现着人生境界的转化，激发和更新着我们的生命。

第三节　美育的任务

审美教育是实现人的全面发展的整体教育的重要组成部分。根据美育的特点和功能，美育的任务主要是进行人的心灵世界的审美建构和审美能力包括审美感受力、审美创造力的培养。

一、审美感受力的培养

审美感受力是人的审美知觉、审美联想、审美想象、审美领悟等多种能力因素的综合，是人类独有的一种在特殊情感体验状态下体现出来的审美认知与创造能力。过去，西方一些唯心主义美学家曾认为审美感受力受人的先天生理和心理因素影响。我们认为，审美感受力有先天因素，但主要是后天的审美训练和教育的结果。只有通过审美教育，积极参加审美实践，融入美的境界，直接感受、体验美的事物，才能逐渐提高自身的审美感受能力。美育的任务就是要通过审美教育，使受教育者对美的感受力由浅入深、由低级到高级、由片面到完善，从而促进个人审美素质的提升。

审美感受力最基本的能力是审美知觉能力。审美知觉能力是人们进行一切审美、创造美活动的出发点，是审美能力中最基本、最初始的能力。通过审美感知，主体才能把握审美对象的感性状态，如颜色、声音、线条、形状等，进而获得美感。现实生活中的美是丰富多彩、无穷无尽的，关键在于我们是否能及时、敏锐地感受它、发现它。

审美知觉具有直觉性。审美知觉能力包含着直觉能力，所以审美知觉能力的培养包含着对直觉能力的培养。直觉能力是审美中一种特殊的知觉能力，它的特点是不通过概念和推理，直接从对象的形式把握事物的内在本质。如老农直接从天上云彩的形象对天气的变化做出准确的判断；医生通过观察刚走进诊室的病人的脸色，对其病情做出准确的判断；裁缝师傅一眼就看出做衣人形体的数据；小孩一听脚步声就知道是母亲；等等，这种凭着对事物外在形式（形象）的审察直接把握事物本质的思维方式，就是直觉。在审美活动中，美感的生成具有直觉性特征。

总之，审美就是直觉。这种直觉能力是长期审美实践的结果。美育的过程也是培养人的审美直觉能力的过程。

二、审美创造力的培养

培养与提高人的创造力，是审美教育的直接落脚点，美育的目的就是创造更加美好的世界。创造既是一种超越的实践活动，也是人的本质特性，一个人只有进行创造性的活动，才能够真正认识自我的力量，也才能够更好地生存和发展。

创造力一方面指专门的创造能力，如发现和解决新问题的思维能力，发明与制作新事物的实践能力等；另一方面指不断实现和更新着的生命活力，是健康的个体生命的基本特质与能力。后者是创造性的基本内涵，又是前者的基础与源泉。创造性思维，不同于常规而有新意的思维活动，是人才素质中最重要的组成部分之一。美育则是情感自由解放的过程，具有解放无意识，并使情感得到释放的功能，从而能减轻对深层心理活动的压抑和束缚，使情感不断被激发，保持旺盛的活力，成为创造思维的源泉。

美育的任务之一就是激发人的创造力，主要表现在激发和丰富个体生命，使之具有自发涌现的创造欲望和动力，从而为思维和实践打下基础。我们知道，个体创造性发展的关键期在童年，儿童时代是创造性发展最自由、最迅速的阶段。美育，特别是其中的艺术教育是开发和培育儿童青少年创造性的最佳教育形态。确实，以自由创造为本性的审美、艺术活动可以促进人特别是儿童创造力的发展；而且，有连贯性的审美教育还能使个人在成年之后仍保持活泼健全的"童心"，从而使创造性得到发展。

审美创造能力是人类按照美的规律进行物质创造和精神创造的能力。这种能力是在长期的社会实践中不断丰富和发展起来的。美学史上有人认为这种能力是先天的，或如柏拉图所说是神力凭附的结果，是先验的、神灵赐予的。这显然是一种错误的唯心主义世界观。现实生活中我们也常听到人们抱怨自己不是天才，所以缺乏创造性。实际上，先天的生理、心理素质只不过为创造性提供了可能，而要真正获得创造性的才能，还得在不断的实践中刻苦地学习和磨炼。美育的作用，在于可以引导人们积极参加审美创造的训练和实践，激发他们的个体创造热情，使之具有自发涌动的创造性欲望和动力、高度发达的创造性能力。

（一）审美联想力的培养

人在感知外部世界时，由一事物的刺激而想到另一事物，或由一物引起对他物的回忆的心理现象，叫作联想。联想是一种内部信息的交换过程，是外来的信息同大脑中原有的储存的信息相沟通而实现"表象回忆"或"表象转移"的过程。联想作为一种心理能力被称为联想力，美感活动中的联想即审美联想，而审美心理能力就叫作审美联想力。

审美联想可以使审美活动获得更丰富的审美信息，建构出更丰富的审美意象，引起更强烈的审美愉悦。

联想包括相似联想、接近联想、对比联想、因果联想等。审美联想能力包括这几种联想能力。

相似联想指由一事物想到与之具有相似性质或形态的另一事物的联想，也叫类比联想。

接近联想指由甲、乙两事物在空间或时间上的接近而引起的联想。

对比联想指由某一事物的感受引起和它相反性质或特点的事物的联想。

因果联想指由一事物想到与它有因果关系的事物。

以上几种联想的心理能力在审美活动中具有重要的意义，可以说，没有审美联想就没有审美想象，就没有审美创造。

联想能力来自生活经验的积累。在生活中获得和储存的信息越多越丰富，直觉能力和联想能力就越强。一个总是生活在一个小圈子中的人，少见世面的人，生活贫乏，这两种能力必然低下。科学测定表明，人脑在 1/10 秒中可能接受 1000 个信息单元，称为比特。可见，人脑储存的经验信息量是相当大的。一般来说，年龄大的人储存的经验信息量比年龄小的人多，生活圈子大的人储存的经验信息量比生活圈子小的人多。但因为现代生活信息不全来自亲身实践，还大量来自书本和各种现代电子媒介，所以，现代人储存信息的多少不能单以年龄论定。这就是说，要提高自己的联想能力，除了直接的生活经验，还要通过书本和各种现代电子媒介摄取更多的知识。

（二）审美想象力的培养

人在感知外部世界时，对已感知的事物形象（表象）进行加工改造而形成新的形象的心理活动就是想象。想象是重新组合表象的心理活动，其作为一种心理能力，又称为想象力。在审美活动中，想象就是人们对已感知的美的事物形象进行加工改造，形成新的审美意象的心理活动，这种能力就是审美想象力。换句话说，审美想象力是人们在直接观照审美对象的基础上，调动过去的积累，对审美对象进行补充、完善或对各种表象进行重新组合，从而创造新的对象的一种能力。

想象最突出的特点就是创造性。审美想象是一种创造性的思维活动，通过想象，人们可以创造和认识没有感知过的事物和形象；还可以超越时空的限制，打破生死、人神的界限，创造新鲜的、丰满的、奇特的审美意象，使之比原来已知的形象更引人入胜，激起人们更加强烈的兴趣，从而极大地丰富人们的精神世界，以至有人说，美感就是"想象的乐趣"。就艺术创作而言，可以说想象是最根本的独创能力。

想象与联想关系十分密切，可以说你中有我，我中有你，难以区分，以至有人把两者当作一回事。其实它们是有区别的。第一，联想侧重追忆，由一物想到另一物，较保守，侧重过去，不一定创造新形象；想象侧重未来，以创新为主，常常创造并形成新形象。第二，联想较被动，由一物想到另一物时受到原先事物较大的限制；想象较主动，可以超越原来的事物主动构成新的形象，思维更加活跃。所以想象不等于联想，但想象必须以联想、追忆为基础，可以说没有联想就没有想象，而没有想象就没有创造。

审美想象力是一种重要的思维能力，需要一定的学习和审美训练，才能逐渐发展起来。美育的重要任务就是要培养这种想象力。

第四节　中外美育思想发展脉络

高校美育思想不是无源之水、无本之木。从古至今，从东方到西方有许许多多哲学家、思想家、教育家对美育做出了卓越的贡献。对美育思想的历史发展脉络的梳理有利于把握美育发展规律，为高校美育思想提供养分，促进新时代高校美育教育的发展。本节分为中国美育思想的发展历程、西方美育思想的发展历程两部分，主要包括古代美育思想的发展历程、近现代美育思想的发展历程、当代美育思想的发展历程、西方美育思想发展历程分析等内容。

一、中国美育思想的发展历程

高校美育思想的一个重要来源就是中国美学思想。中国古代虽然没有论述美育的专著，但从古圣先贤的著作中依旧可以找到许多关于美育的论述。从古至今，中国人从来都没有停止过对美的追求，中国古代哲学思想体现出光辉灿烂的美学思想。在对我国美育思想的研究和挖掘中可以发现，许多优秀的中国美育思想能为新时代高校美育提供借鉴，在提升新时代大学生的审美能力的同时还可以弘扬传统文化，提高我国的文化软实力。

（一）近现代美育思想的发展历程

1. 发轫期

（1）美育问题的提出与思想传播

近代中国美育思潮的兴起，主要受三个因素的影响：封建社会向近代化转型的历史背景、救亡图存的时代需求以及西方文化的引入。19 世纪中叶，洋务运动推动了学习西方思潮，但未能根本改变中国的落后状况。甲午战争后，中国开始学习西方的政治制度和文化，戊戌变法推动了文化教育改革，为美育提供了政治和思想基础。同时，西方美育思想的启蒙，特别是席勒的美育理论，通过康有为和梁启超等人的倡导，在中国产生了影响。王国维等学者对西方美育思想的译介和研究，促进了美育思想在中国的传播，但这一时期的美育研究还处于初步阶段，影响有限。

（2）代表人物的美育主张

①康有为的美育思想。康有为在戊戌变法失败后，通过游历日本、美国等国家，对封建和资本主义社会的腐败与不堪感到失望，并于 1902 年撰写了《大同书》，提出了一个理想社会的构想。在这个构想中，康有为强调了从小接受美的教育的重要性，认为这是培养理想人的关键。他从环境美、教师美、学习内容美三个角度阐述了他的美育观。康有为主张营造良好的环境，选拔有德行的教师，并通过美的学习内容来涵养性情和德行。他的美育思想融合了中国传统礼乐文化与西方教育理念，强调以美育德，培养儿童的仁爱之心，以构建一个真善美兼具的大同世界。

②梁启超的美育思想。梁启超在 1902 年提出"新民说"，主张通过教育改造国民性，以适应民主共和社会。他强调美育的重要性，认为美是生活的核心，提倡"趣味教育"，即情感教育。梁启超认为，美能带来真、善、美的情感体验，是生活中不可或缺的。他指出趣味的三个来源：自然环境、积极心态和对未来的期望。他还强调艺术教育在培养审美和情感方面的作用，认为艺术作品能帮助人们领悟美的真谛。梁启超的美育思想更贴近生活，易于理解和传播，对教育方法

产生了深远影响。

③王国维的美育思想。王国维是中国近现代美学的先驱，他融合了中国古典文化与德国古典美学，特别是康德和席勒的思想，形成了独特的美学体系。他提出了"美育即情育"和"无用之用"的观点，强调美育在陶冶情操和树立民族精神中的作用。王国维认为美育是实现"完全之人"的重要部分，并试图通过美育来改善社会颓势。他将音乐教育视为美育的重要组成部分，并强调其在调和感情和陶冶意志方面的作用。王国维的这些思想对后来的美育实践和理论发展产生了深远影响。

（3）该时期代表人物对美育思潮形成的作用

康有为、梁启超、王国维等人作为美育思潮的发起者，对中国教育近代化进程的推动作用是巨大的。处在新旧思想交替之际，三人的美育观念受到了传统和外来两方的影响，实为新旧观念结合的产物。三人都肯定了美育的必要性，引起学术界更多的思考，同时也都将美育与德育、智育相联系，不同程度地解释其社会作用。将美育作为培养"新民"的手段这一观念的植入，在教育思想界引起关注，对美育思潮的发生发展起到了催化作用。因为他们的身份、经历等的不同，所以他们对美育的理解和美育观对社会的影响也略有不同之处。康有为认为，只有"美的人"才能开智培德，肯定了美育对于辅德的作用。他建设性地指出了胎教的重要性，注重在包括胎教在内的各个阶段都进行美的熏陶和培养，拉长了美育的教育年限；另外，不仅要利用音乐等进行美的直接教育，还对环境美与教师的德行美都做了具体要求，在丰富了美育手段的同时也肯定了音乐教育的美育价值。相较于康有为培养学生道德的美育观，梁启超的美育思想体系则建立在培养国民素质的教育目的之上。其美育思想主要集中在"情感教育"和"趣味教育"的论述中，情感教育和趣味教育的宗旨都是改造国民素质、塑造完善的人格，而通过艺术陶冶情趣是情感教育、趣味教育的一种途径。他认为："情感教育的最大利器，就是艺术。音乐、美术、文学这三件法宝，把'情感秘密'的钥匙都掌握住了。"这表明梁启超不仅看到了美育能恢复人审美情感的作用，还注意到了音乐艺术在美育中的作用。王国维强调了美育的独立价值，这是王国维美育思想的精神内核，也是他对美育理论与实践发展做出的历史性贡献。他从个人以及人的本质角度深刻论述了美育的作用，将音乐学科与美育明确地联系在一起，肯定了音乐学科的必要性，为近代中国学校音乐教育的发展提供了理论支持。但因社会环境与条件的限制，也因三人作为学者对于美育思潮的发展的影响是有限的，所以更多的在于理论与思想的引领，真正推动美育思潮与学校音乐教育快速发展的当属蔡元培。

2. 发展初期

1911年，辛亥革命爆发，推翻了屹立于中国大地几千年的封建君主专制制度，建立了民主共和国，传播民主共和理念，试行资产阶级民主共和制。新的政治体制和思想观念解开了禁锢在中国人民身上几千年的枷锁，人民的权利意识相较封建君主专制时期有了较大的提高。不同的政治制度对于人才的培养有不同的要求，新的自由平等理念也为人才培养提供了更多的思考空间，因此，培养何种人才、怎样培养人才以便适应新型的社会，就成了知识分子所要思考的重要问题。这时期美育思潮呈上升、发散态势，对美育相关理论的研究与实践的设想相较以往更为深入，这代表该时期美育思潮的发展成果被纳入教育方针之中。

（1）美育纳入教育方针

19世纪末至20世纪初，中国美育思潮在康有为、王国维等人推动下兴起，国外美育理论的引入和国内观念的传播为民国时期美育纳入教育方针提供了理论支持。蔡元培，一位在教育界具有崇高地位并深受美学影响的教育家，自1901年起担任多个教育职位，直至1912年成为南京临时政府教育总长。他强调美育的重要性，并在1912年提出将美育纳入教育方针。同年，教育部正式将美育写入国家教育宗旨，标志着美育时代的到来。美育被定义为情感教育，研究者开始探讨其本体功能与辅助功能的关系，强调其在培养感情和美感方面的作用。美育的实施不仅在于学校课程，还包括活动和环境熏陶。美育纳入教育方针对教育界产生了深远影响，促进了美育思潮的发展。

（2）代表人物的美育主张

①蔡元培的美育思想。蔡元培于1907年前往德国莱比锡大学留学，受康德和席勒美学影响，认识到美育的重要性。1912年，他在《对于新教育之意见》中强调美育对人的培养不可或缺，提出美育是情感教育，与德育紧密相关。蔡元培将世界分为现象世界和实体世界，并认为美育是连接二者的桥梁。他主张唱歌

是美育的一种形式，并强调音乐教育的多样性和目标一致性，为普通学校音乐教育奠定了基础。尽管蔡元培关于美育的文章不多，但他对美育重要性的认识和实施手段已形成初步系统。

②鲁迅的美育思想。鲁迅，我国著名文学家和思想家，在其任职教育部期间撰写的《拟播布美术意见书》中，首次阐述了对美育的思考。他提出美术包含三个要素：感应自然、造型法则思考和精巧表现技法。鲁迅认为，优秀的现代艺术应具有现实意义，如反映文化生活、弘扬道德和辅助经济。他视音乐为一种动态美术，强调美的非实用性和独创性，同时认为美的功利性是通过追求美本身实现的。美育不仅娱悦情感、发扬真美，还具有保存文化、培养道德和促进经济的作用。鲁迅提出美育的实施手段包括美术馆、建筑和研究会等，主张通过潜移默化的方式进行美育。作为美育理论的早期提出者，鲁迅对文坛和社会产生了深远影响。

（3）该时期代表人物对美育思潮发展的作用

蔡元培和鲁迅都将美育的本质理解为情感教育。蔡元培利用影响力，将美育纳入教育方针，切实提高了美育的地位。这是民国初期美育思潮发展的结晶，为后续美育在学校的实施提供了制度保障。又因蔡先生对康德美学、席勒美育思想的推崇与宣扬，在很大程度上促进了国外美育思想在当时文学界、教育界的传播；他对美育的重视为中国近代美育研究队伍的扩大、美育理论的完善起到了重要的引领作用。蔡元培作为教育总长，对美育思潮的推动与发展所起的作用是无人可居其上的。鲁迅则更多从文学的角度进行美育思想的宣扬，在文学作品塑造了众多"美"的人物形象，强调了美育娱悦感情的作用，但又拒绝将其作为单纯的消遣之物，而是作为"新民"的手段。他的美育观具有较为完备的体系，对我国美育理论与实践的发展发挥了不可或缺的作用。

3. 发展高峰期

1914 年，第一次世界大战爆发，帝国侵略者暂时放松了对中国的侵略与控制，中国民族资产阶级趁势崛起，要求实行民主政治。而此时袁世凯复辟帝制，推行尊孔复古运动，与辛亥革命给人们带来的民主共和的观念相冲突。1915 年，以陈独秀、李大钊、蔡元培等为首的民主主义群体发起了一场反对封建、提倡民主与科学的新文化运动，帮助人们从封建礼教中解放出来，在思想文化领域进行了彻底的革新，推动了民主、科学理念的发展，营造了包括美育思想在内的各种新思想快速发展的大环境。

（1）美育协会与刊物的创办

在新文化运动影响下，美育思潮得以更快发展，影响力更大，其成果之一是美育协会的成立。1919年，吴梦非、丰子恺等人在上海发起创办中华美育会，并于第二年创办《美育》会刊，目的在于宣扬美育的作用，以促进美育事业的发展。这是一个以美育为宗旨的新式社团，为美育思潮的进一步传播和艺术师资的培养都做出了重要的贡献。

（2）代表人物的美育主张

①丰子恺的美育思想。美育在培养独立人格修养方面具有深远影响，丰子恺认为它有助于人们释放苦闷并恢复自由。他强调美育是情感陶冶，能将艺术生活化，展现平凡世界的魅力。丰子恺的美育思想在艺术教育实践中具有多样性，对美术教育改革和学生身心发展有重要帮助。其核心在于培养学生的艺术创作技能、审美能力和人生态度。丰子恺的"绝缘说""苦闷说"和"情趣说"深刻论述了美与艺术的关系，特别是对儿童艺术教育有重要影响。他认为"绝缘"能超越功利主义，达到审美目的；"苦闷"是艺术创作的催化剂；而"情趣"则强调艺术家的同情心和儿童的"童心"。这些观点对艺术教育具有指导意义。

②蔡元培美育思想的系统论述。蔡元培在1915年至1932年提出了一套系统的美育理论，发表了多篇文章，如《美育实施的方法》和《美育代宗教》。他定义美育为应用美学理论于教育，旨在陶养感情。美育不仅是专业美学教育，还包括所有能引起美感的领域，如音乐、环境布置、社会机构和个人修养。蔡元培强调美育客体与主体的相互影响，认为美育能增强人的感情，产生高尚行为。他视美育为一种普遍且超脱的力量，能改造国民品性，提升精神境界，从而改变社会。蔡元培的美育观强调情感培养，但同时认为智育和德育也对陶养感情有贡献，主张所有学科都应包含美育元素，展现其全面系统的美育思想。

4. 曲折发展期

1937年，社会各界积极开展抗日救亡运动。在战争形势紧张的大背景下，人们将音乐当作鼓舞人心的精神武器。所有与救国无关的歌曲都会遭到批判，音乐课堂成了练习军歌、激励士气的"绝佳场所"。1938 年，教育部发布五项强调音乐科的抗战目的，文件提出音乐教学要以鼓舞抗战情绪、增加民族意识为目的。

美育也紧紧围绕这个主题开展运动。这一时期的小说、戏剧、诗歌等文艺作品中出现了新的人物形象，以美的形象激励、鼓舞着解放区的大众去实现建立新社会的理想。

在这一时期，解放区的美育运动开始蓬勃发展起来，美育思想得到中国共产党的阐述和实践探索。这实际上就是马克思主义美育思想的中国化、大众化、民族化的过程。中国共产党的美育思想突出了美育的社会实践指向，丰富和发展了中国民众的情感结构，最终实现了人全面自由的发展，促进了社会的进步与和谐。

（二）当代美育思想的发展历程

1. 焦虑与隐退期

新中国成立之后，中国美育经历了"起步、停滞、复苏、重建"四个阶段。在 1949 年到 1978 年，主要处于"起步"和"停滞"阶段。在这段时期，德育代替美育成为主流。传统美学范式在此阶段由于政治的规训策略导致整体断裂，政治家美学形象的塑造是这一时期美学现代性的一种必然追求。20 世纪 50 年代到 70 年代，美育主要通过单调的文艺运动来对国民进行思想教育，其内容形式与政治紧密相连，主要为工农兵服务，注重塑造英雄形象，是对国民进行正面教育的方式，最终指向政治实践本身的审美化。

2. 复苏与重建期

1976 年以后，人们迫切要求学习美学和开展各种审美活动。文化界与学术界的许多德高望重的学者重新开始关注美育，深刻论述美育对新时期的重要作用，强烈要求尽快恢复并发展美育事业。之后，美育终于重新进入我国的教育方针之中，得到人们重视。

20 世纪 80 年代，美育因其特有的启蒙功能开始受到人们的重视，美学界开始重新呼吁审美教育的重建问题。虽然在初期，国内学者对于美育的看法主要受苏联政治美学和工具论的影响，侧重审美功利性方面，认为美育是进行阶级斗争和培养共产主义世界观的工具，甚至将美育视为德育的辅助手段，还狭隘地将美育与艺术教育等同起来。但随着研究的逐渐深入，学界渐渐摆脱了认识论和工具论的框架，美育开始步入正轨，恢复了原先的审美功能，进入素质教育的领域，在健全人格建构方面起到基本的作用。百年中国美育在"政治启蒙—经济改革—文化自觉"视域下重构了属于中国文化的现代性。

这一时期的主要代表人物及其思想，主要包括：

（1）朱光潜美育思想

立足于以情为本的原则，朱光潜首先探讨了审美对人的解放特别是感性解放的意义。其次，没有回避审美与现实人生的联系，回答关于艺术人生的问题。第一个问题涉及审美的形而上的、本体论的关切，第二个问题涉及审美的价值论。而这正体现了朱光潜美育思想处在审美独立与审美启蒙的张力之中，展现了朱光潜美育思想审美现代性构建的历程，即从立足审美独立的美学话语转变到立足审美启蒙的现实语境。首先，审美教育应以情感体验为核心，重视情感以达到审美目的。在西方，审美现代性反对工具理性主义和资产阶级生活理念，强调感性回归。朱光潜结合中国现实，认为应通过关注个体感性生存构建和谐主体性，强调情感在审美中的基础作用。其次，朱光潜主张情理合一，认为感性是理性的基础，并从道德角度出发，认为审美教育应结合情感和理性。他强调通过艺术的审美—价值理性批判和引导，实现审美与道德的密切联系。最后，朱光潜认为现代性导致主体碎片化，人们通过审美寻求灵魂抚慰和诗意生活。他批评中国传统教育忽视个体感性，主张美育应重视个体感性体验，培养性格和情趣，以审美方式解决生命意义和人性危机，实现人生艺术化。

（2）林风眠美育思想

林风眠是现代绘画大师，融合中西艺术，开创新风，是民族艺术融合的先驱。他也是杰出的教育家，培养了许多艺术家，其美育思想对我国现代美育有重要影响。林风眠认为美育能激发美感、挖掘潜能，提供情感慰藉，对人有潜移默化的影响。他终身致力于美育，强调艺术家需要艺术修行。其美育核心是培养生命意识，体现个体价值，探索生命的社会意义。林风眠的美育内涵强调尊重生命，将美育融入日常生活，用艺术滋养人心，强调其对民族自强和繁荣的重要性。

（3）王元骧美育思想

王元骧是中国著名文艺和美学理论家，自1964年起发表多篇重要论文并多次获奖。他的学术生涯分为前期和后期，前期以马克思主义为指导，后期则更多融入康德美学。王元骧的美育思想强调审美与人的生存本体的统一，并在不同时期展现出理论视角的转变。他的理论对当前美育建设具有重要意义，被认为是未来中国美育理论发展的重要资源。

二、西方美育思想的发展历程

美育思想体系是在西方形成的，西方对于逻辑严整、具有学科性质的美育研究比中国起步要早。东西方文化的思维方式和教育理念有所不同，所形成的美育思想恰好可以增强高校美育的文化多样性，丰富高校美育的内容。与此同时，研究西方美育思想的发展历程还有利于取长补短，借鉴其精华，为新时代高校美育提供新的启发。

（一）古希腊时期到中世纪

人类最早的文化形态是神话与自然崇拜，《荷马史诗》可谓古希腊璀璨文化的源头，其中包括《伊利亚特》和《奥德赛》。挖掘《荷马史诗》的美育思想必然要探讨其对自然美的勾勒、对文学诗歌美的罗列以及对神话人物审美心胸豁达的向往。在《奥德赛》卷五中有一段这样的描述："……地上有紫堇和野芹开着花；就是永生天神来到这里，看到这种种风景，也要流连忘返……"只是短短几句，作者对于自然美的旖旎和诗词文藻的"质朴"之美便跃然于纸上，还隐约体现出一种人本主义色彩。

荷马是古希腊的盲诗人，他根据流传民间的短歌编写成两部史诗巨著。他虽然无法通过视觉捕捉大自然的风光旖旎，只凭借听来的民间故事便构想出使人耳目一新的审美意象，这说明在对自然美的刻画上荷马是具有审美态度和审美心胸的，从美育的角度说明了主体培养审美心胸的重要性。作者只有具备审美心胸，才能感受到美，并且将美的存在通过美的方式表达出来，让美跃然纸上，形成影响西方美学和美育发展的文艺美学宏图巨著。

古希腊早期的自然哲学家毕达哥拉斯是西方最早的数学家，他对于美的认识也是他的世界观构成的重要组成部分。他认为世界的本原是不变的"数"，还认为自然界包括人类社会在内的美来源于"数的和谐"，据此提出了著名的"黄金分割"理论。黄金分割的思想来源于对音乐的美感体验，或者说源于对声响节奏和韵律的审美体验。毕达哥拉斯倡导音乐的美育作用，认为音乐具有"洗涤灵魂"的作用，是使人向善向美的必然基础，并且据此推理出了著名的"美是和谐"的思想。该理论至今仍然是一些学者对于美认识的态度。据此，毕达哥拉斯开始研究和谐对于主体的审美教育作用，除了将宗教和哲学结合起来，还在研究伦理的发生时强调美德与和谐的内在联系，通过音乐的合声和谐来对主体进行审美教育，用以"洗涤灵魂"、完善人格。

至"古希腊三杰"苏格拉底、柏拉图和亚里士多德时期，对于美的认识和美育的探讨达到了古希腊时期的巅峰。三位先贤既有师承关系，又在前者的理论基础上进行了创新和反思。

苏格拉底将对自然哲学的探讨转向社会领域，其最著名的两个论断是"认识你自己"和"德行即知识"。他在进行哲学探讨和对话时喜欢引导对方说出答案，后人总结其引导的方法为"催产术"式的问答。苏格拉底虽然没有对美和美育的本质进行过多的论述，也没有留下丰富的理论著述，但是倡导美德之美和知识是通过教育获得的，从本质上论述了美育的教育学内涵，对后世有着积极的影响。

柏拉图在《理想国》中提出了理想社会构想，强调善与美的统一，排斥了诗人，主张理性化的诗歌功能，认为诗歌应激发精神振奋和民族责任感。他强调了美育对人格教育的重要性，并认识到文化对政治的影响。亚里士多德继承了柏拉图的美育思想，但更注重艺术的现实摹写，研究了悲剧的美育功能，认为悲剧能陶冶情感，促进人格发展。他还探讨了音乐对情绪的影响，为艺术心理学的早期发展奠定了基础，标志着从本体论探究到交叉研究的转变。

在古希腊晚期，西塞罗的"美育道德和并论"、伊壁鸠鲁的"美育幸福论"、贺拉斯的"美育的社会功用论"等都是古希腊时期美育思想的杰出代表。一方面，我们可以窥见古希腊美育思想的丰硕果实；另一方面，我们也看到古希腊时期基于第一哲学"是论"的影响，美育更多地聚焦在其本体论的研究上，还没有完整的、成体系的框架结构。尽管如此，我们还是不得不惊叹于古希腊先哲们对于美本质探讨的睿智以及重视美育对个体、社会的重要影响。

进入中世纪后，受到以普罗提诺为代表的新柏拉图主义的影响，中世纪美学思想呈现宗教神秘主义的特点。教会对文学艺术的仇视和压制，使中世纪美学和美育思想处于基本停滞的状态。

（二）文艺复兴时期到 18 世纪

中世纪晚期的文艺复兴与经院哲学时期形成了鲜明的比照，涌现了一大批艺术家、文学家、科学家。这场盛行在意大利的人类进步思想运动主要倡导回到古希腊时期的文化巅峰时代，歌颂人性之美，这势必涌现出一大批精辟的美育理论。

弗兰齐斯科·彼特拉克是文艺复兴时期的先驱之一，既是伟大的诗人，也是用人文主义观点去不断发掘古希腊罗马时期重要思想的代表人物。他主张"人与神的对立"，批判中世纪"禁欲主义"。他的《歌集》《意大利颂》等诗歌文学作品闪烁着人文主义的光芒。他从人与神对立的角度，主张审美教育的本质在于人格健全的培育，人对于美的追求就是对于幸福的追求，就是对于心灵自由和解放的追求。

如果说彼特拉克的思想充满着浪漫主义情怀，那么，德西德里乌斯·伊拉斯谟则是现实主义的杰出代表。他的《愚人颂》文锋犀利，尖锐地批判了经院哲学和中世纪的僧侣阶层，让我们看到了人性复归自然、自然复归审美的美学态度，运用文学语言的批判不仅体现了极高的文艺美学价值，更凸显了时代精神。

乔万尼·薄伽丘作为文艺复兴鼎盛时期的文坛巨匠，在《十日谈》中讽刺教士和僧侣，赞赏手工业者和商人的智慧与勤劳才干；不仅歌颂人文主义精神，还倡导人与人之间真挚的友谊和美好的爱情，以文学载体蕴含社会美的培育，通过对中世纪社会的反讽显示出人与人之间的美德、美好和友谊的缔结，透露出一种以人为本、将审美教育转向人与人的美德教育的思想，为文艺复兴时期诗歌的发展与兴盛奠定了基础。

莎士比亚的悲喜剧创作是时代的精华，他由喜剧到悲剧的创作历程也反映了文艺复兴时期的时代面貌。在喜剧方面，他主要围绕爱情、婚姻和友谊进行创作，在一定程度上继承了薄伽丘的创作主体。伴随着英国农村"圈地运动"的发展，经济和政治出现了"萎缩"，莎士比亚从大众的生活中获取了灵感，转向沉郁风格的悲剧创作。《哈姆雷特》《奥赛罗》等作品中不仅彰显了人文主义精神，还对"戏剧""悲剧"这对特定的美学范畴做出了跨越式的发展，通过文学魅力演绎了悲剧的内涵——"在个体生命的无常中显出永恒生命的不朽，这是悲剧的最大的使命，也就是悲剧使人快意的原因之一"。以至于影响到了后来的黑格尔的美学观以及尼采的非理性主义思想。

列奥纳多·达·芬奇作为文艺复兴巨匠，不仅是画家、科学家，其《论绘画》一书中还包含了丰富的美学理论、艺术教育理论和美术技法理论，创造了透视学、光影学、人体比例等影响世界美术史发展的理论与技法。他的美育理论集中体现在他的美术理论中，"绘画不同于文学，不需要各种语言的翻译，就能像自然景物一样，即刻为一切人通晓"。达·芬奇描述了绘画对人感性、直观的即时性，通过视觉来传达对主体的直观性和绘画的艺术特点。

17世纪，文艺复兴运动逐渐衰退，西方文化中心从意大利转移到法国。法国17世纪新古典主义运动以笛卡儿和尼古拉·布瓦洛·德普雷奥为代表，构建在法国理性主义哲学基础之上。美学是理性主义的美学，与哲学紧密相关。

笛卡儿认为理性是知识的唯一源泉，其名言"我思故我在"上承他的怀疑论，下启他的"心物二元论"。他在审美领域强调美的恰到好处，在他的著作《论音乐》中非常重视音乐对主体美感的教育作用，强调人声与人心灵的完美契合，体现了近代的人本主义思想。

布瓦洛是法国的美学家和诗人。他在《诗的艺术》中说道："因此，首须爱义理；愿你的文章永远只凭着义理获得价值和光芒。"这里的义理是笛卡儿《方法论》中所指的良心，或者说是一种对于善和德行的指代，可见布瓦洛对于文学艺术的认识是基于人性的善。如果没有对人性善的追求，就无从谈起文学艺术本身的价值和教化意义。他的美育观与其说是对善与美的统一，不如说是一种伦理化的美育观。正如朱光潜先生对布瓦洛的评价："文艺的职责首先在表现……供人欣赏而同时也给人教育。"可见，朱光潜先生肯定了布瓦洛作为古典主义文学代表人物在美育方面的积极影响。

与法国新古典主义几乎同时期发展的英国经验主义美学和美育思想，走的是与新古典主义完全不同的路径，建立在否认先天理性观念，强调经验、情感、想象的浪漫主义基础上。以洛克、休谟等为代表的经验主义美学家把美感和情感的研究提到首位，对法德两国之后的启蒙运动产生了巨大影响，推动了法德两国美学思想的发展。

洛克作为西方近代经验主义的领军人物，不仅反对理性主义的"天赋观念"说，还强调自身的内在经验方式是获得知识的主要途径。不仅如此，洛克除了在哲学上颇有建树，还写过一本《教育漫话》，体现了英国绅士主义的教育观点。在英国当时的时代背景下，美育是塑造绅士的一个重要方面，良好的美学修养是绅士的必备素质。但是，洛克将美育作为德育、体育和智育的附属部分看待，更多地强调艺术教育对主体全面发展的影响，而没有单就审美素养和审美教育的本质和内涵进行深入的分析。"我觉得跳舞最能使儿童具有适当的自信心与举止……因为跳舞虽然只是一种优美的外表的动作……它使儿童在思想上和姿态上具有丈夫气概的作用却比什么都强。"可见，洛克的美育观主要还是倡导艺术的美育作用，并且极尽所能地为资产阶级绅士教育提供参考范畴，没有将美育上升到人格塑造和审美本质的范畴中。

18 世纪，法国启蒙运动是文艺复兴运动的继续，在文艺领域表现为反新古典主义，以卢梭、伏尔泰、狄德罗为代表，其中狄德罗的影响最大。

伏尔泰是法国启蒙运动最具影响力的思想家之一，同时还是西方近代最重要的文学家之一。他的美育思想充分地体现在《论美》《趣味》《哲学通信》《论美德》等著作中。伏尔泰首次将美育的功能之一 —— 审美趣味放在了重要的理论层面，并且深刻地影响了后来美育学科的发展和建立。他认为："因为在艺术中存在着真正的美，所以既有辨别美的良好的审美趣味，也有不能辨别美的低劣的审美趣味。"

18 世纪，德国启蒙运动中的美学和美育思想家以鲍姆嘉通、温克尔曼和莱辛为代表。莱辛是德国启蒙运动高潮时期的代表，通过《拉奥孔》否定温克尔曼古典艺术静穆的特点，提出人的动作才是艺术的首位，建立了德国美学人文主义思想。

（三）19世纪的德国古典美学时期

德国古典美学时期以康德、席勒、黑格尔为美育思想的代表。

康德是德国古典美学的奠基人，蔡元培、王国维、宗白华等人在进行美学研究时或多或少都借鉴和采纳了康德的美学理论。康德美学对我国美学的发展至关重要。自然美和崇高美是康德美学的重要概念。在康德看来，"自然美"是人类的感官感受的结果，是感性的。人类的五官是人类感受现实世界的工具，天空的颜色是眼睛看到的，花草的香味是鼻子嗅到的，光滑的石壁来自手的触觉。这些体验是来自感官的直接体验，无须太多的思考。所以，康德认为这种"本能反应"是自然而然的，并将其概括为"自然美"。自然美是人们凭借本能所感受到的东西，是感性的，而"崇高美"来自人的理性思考，是审美达到的理性的自由。虽然崇高美与自然美是不同的，但二者之间也是相互联系的，崇高美可以被自然美激发出来。反过来，人们在欣赏崇高美的过程中也有利于培养观赏者的意志品质和文化修养。认识到二者的区别和联系，这是康德美学思想的独到之处。

康德在《判断力批判》中主张审美无利害关系论，认为美感是自由愉快的，不涉及欲望、利益或道德。他提出人的心理机能分为认识能力、情感和欲求能力，强调了判断力在感性和理性之间的调和作用。席勒，德国诗人和美学家，提出美育概念，其作品《美育书简》对人类美育有重要影响。席勒在法国大革命后，面对暴力统治和秩序问题，致力于将美育与时代结合，以知识改变现状。

席勒继承了康德的"美是桥梁"的观点，并超越了康德的思想。为了使国家成为和谐的国家，席勒提出美育，以此治愈人性的分裂，促进社会的和谐。

席勒提出了"审美王国"的概念，认为它是人类追求的顶峰，并将其定位为一个超越力量和法则的第三领域，即游戏和外在表现的领域。在这个理想国里，人们摆脱了所有形式的束缚和限制，以自由游戏的方式与他人互动。席勒强调，个体的自由是集体自由的体现。他将美育提升到塑造民族性格的重要地位，认为它对精神生活具有深远影响。

黑格尔是德国古典哲学的集大成者，构建了包括逻辑学、自然哲学和精神哲学在内的哲学史上最完整、最宏大的哲学理论体系。《美学》一书是其理论体系的重要组成部分。他的美育思想的核心与席勒的美育思想有异曲同工之妙，即

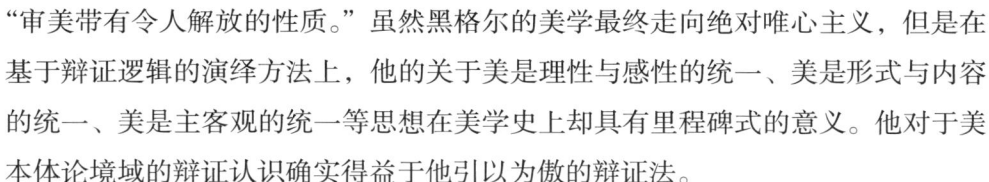

"审美带有令人解放的性质。"虽然黑格尔的美学最终走向绝对唯心主义，但是在基于辩证逻辑的演绎方法上，他的关于美是理性与感性的统一、美是形式与内容的统一、美是主客观的统一等思想在美学史上却具有里程碑式的意义。他对于美本体论境域的辩证认识确实得益于他引以为傲的辩证法。

18 世纪至 19 世纪，西方美育思想除了德国古典美学大放异彩，还有俄国以车尔尼雪夫斯基为代表的现实主义美学、德国以里普斯为代表的"审美的移情说"、意大利以克罗齐为代表的"艺术创作与欣赏相统一""直觉即表现亦即艺术"等美学流派与学说，丰富了同时期西方美学和美育发展的内涵。

（四）20 世纪至今

20 世纪，西方美学流派繁多、百家争鸣。前期以精神分析学派、现象学、早期法兰克福学派、西方现代神学、美国实用主义思潮和西方现代教育理论中的美育思想为主，涉及哲学、神学、教育学、心理学等多个维度。后期以汉斯·格奥尔格·伽达默尔、哈罗德·布鲁姆、理查德·罗蒂等当代重要思想家的美育思想为主。

历经两千多年的发展，进入 21 世纪，西方美育思想面临新的发展环境 —— 人工智能环境，必将呈现新的发展态势。

西方美育思想自古希腊时期至 21 世纪的当下内容浩瀚，从总体上看，西方美育思想肇始于对美的探讨，起源于美学研究，从美的本体论转向美的认识论，从美的美育实践回归当下美学与美育研究的多元化倾向，在历史的进程中描绘了人类社会对美和美育探索的精彩图式。

第五节　美育与相关学科的关系辨析

一、美育的学科定位

（一）美育在教育体系中的地位

美育作为一种全面素质教育的组成部分，在现代教育体系中占据着举足轻重的地位。它与德育、智育、体育等其他教育形式相辅相成，共同推动学生的全面发展。美育不仅是一种艺术教育形式，更是培养学生审美能力、创新能力、想象力的重要手段。通过美育的培养，学生能够在审美体验中获得精神愉悦和心灵的升华，这对于促进其人格完善、心理健康具有深远的意义。

美育在教育体系中的特殊地位主要体现在其跨学科的特点上。不同于传统的学科教育注重知识的传授，美育强调情感的体验和心灵的感悟，它通过艺术、文学、音乐、视觉艺术等形式进行审美教育，帮助学生在多样化的学习过程中发展独特的审美观念和文化认同。教育体系中的美育不仅关注个体的审美素养，还通过多学科融合，促进学生在语言、文化、艺术等多个领域的能力提升，最终形成全面的素质结构。

（二）美育与跨学科融合的必要性

美育的学科定位具有很强的跨学科属性，它不仅体现在艺术、音乐等学科中，还与文学、历史、哲学等人文学科有着密切的联系。美育的跨学科融合是现代教育发展的必然趋势，这种融合为学生提供了更加广泛的学习视野和更深刻的思考方式。通过将美育融入不同学科的学习中，学生可以在多重文化和知识的交汇点上探索美的概念和价值，从而培养他们的创造力和批判性思维能力。

跨学科的美育融合不仅丰富了学生的知识结构，更重要的是帮助学生建立起一种全新的学习方式——从美学视角出发去理解和解决问题。不同学科中的美学概念和原则往往具有共通性，而这种共通性能够促使学生在不同的学习领域找到关联点，提升他们的综合素质和认知能力。例如，文学作品中的美育功能不仅体现在情感体验上，还通过语言的艺术形式呈现出深刻的文化内涵和社会价值；而音乐与视觉艺术中的美学表达，则能够引导学生通过听觉和视觉的感知，形成更加多元的审美体验。

二、美育与文学的关系

（一）文学艺术中的美育功能

文学作为人类精神文化的重要载体，其美育功能在培养审美能力和提升审美素养上具有独特的作用。文学通过语言的艺术化表达，将美的感受传递给读者，使其能够在审美体验中感知和理解美的内涵。美育通过文学作品所传达的思想、情感和艺术形式，潜移默化地影响着读者的审美标准和情感体验。文学作品中丰富的情感表达和思想深度为美育提供了丰富的素材，使读者能够在阅读过程中感受到艺术的力量，增强其对美的认知和感受力。

美育功能不仅是表面的艺术欣赏，更多的是通过文学作品的艺术表现形式引导读者对生活、自然、社会中的美进行反思和探讨。文学中的美育能够唤起个体的情感共鸣，激发其内心的审美愉悦感，并通过这种感受提升其审美意识。在这一过程中，读者不仅是被动的接受者，还在阅读的过程中主动进行审美判断和体验，这种审美的互动过程有助于培养读者的独立思考能力和创造性思维，最终推动其形成独特的审美观。

（二）美育对文学创作与鉴赏的影响

美育在文学创作和鉴赏中起着双向作用，它不仅影响着文学创作者在作品中的艺术表达，还引导读者在欣赏过程中进行深度的情感体验和思想探索。一方面，文学创作作为美的呈现形式，受美育的直接影响，创作者通过对美的感知、体验和理解，将其转化为文字的艺术表达。在创作过程中，作者通过运用美学原则，如和谐、比例、对称等，来构建作品的结构和内容，以达到艺术的完美呈现。美育通过对文学创作的引导，帮助作者在表达思想的同时提升作品的艺术性，使文学创作更具美感和深度。

另一方面，美育对文学鉴赏者的影响同样不可忽视。在文学鉴赏的过程中，读者通过美育的熏陶，能够更好地理解作品中的艺术价值和思想深度。美育提升了读者的审美判断力，使其能够从语言的美、结构的美、情感的美等多个层次进行作品的欣赏与评判。通过美育的培养，读者不仅能够感受到作品中的美，还能够通过对作品的深度理解，增强自身的文化素养和审美能力。美育在文学创作与鉴赏中的双重作用，使得文学成为培养个体审美素质的重要工具。

（三）文学作品中的美育价值

文学作品作为美育的重要载体，通过艺术化的语言表达，能够以审美的方式向读者传达情感、思想和文化,促使读者在审美体验中提升其审美水平。美育的价值不仅体现在作品的表层艺术形式上,还通过深层次的思想和情感表达对个体进行情感熏陶和审美教育。文学作品中的美育价值通过艺术表现的形式,将美的理念、情感和价值观传递给读者,使他们在阅读中感受到艺术的魅力和思想的力量。

文学作品中的美育价值还体现在其对社会美学标准的影响上。通过文学作品的传播,社会的美学观念和文化价值在更广泛的范围内得到普及和传播。文学作品中的美育通过艺术化的方式表达了对美的追求和思考,使个体在审美体验中感受到文化、社会和历史中的美的多样性和复杂性。通过对文学作品中的美育价值的感知,个体不仅能够提升审美意识,还能形成对社会美学标准的更深理解,从而推动社会整体的文化进步。

(四)文学作品中的文化美育功能

文学作品不仅是艺术表现的载体,还是文化传递的工具。美育通过文学中的文化表达,使个体在阅读过程中感知并认同特定文化的美。文学作品中的文化美育功能通过艺术化的语言和情感表达,帮助个体在审美体验中增强对本土文化的认同感和归属感。美育通过文学作品中的文化元素,使个体在审美体验中认识并接受不同文化的美学观念,进而提升其文化素养。

三、美育与音乐的关系

(一)音乐教育中的美育作用

通过音乐的美育,不仅能够培养学生对美的感知能力,还能够提升他们的情感表达、审美判断力以及综合素质。音乐中的旋律、节奏、和声等元素通过有序的组合,为人们提供了一种感官上的美的享受。在音乐美育中,学生不仅能够欣赏到不同风格和形式的音乐作品,还能够通过学习音乐技巧和理论,深入理解音乐的结构与内在逻辑,从而增强对美的理性认识和感性体验。

音乐美育不仅是对听觉美的感知,更通过音乐情感的传递,增强了学生的情感表达能力。音乐作品通过不同的情感色彩，如欢乐、悲伤、宁静等，唤起学生内心深处的情感共鸣。通过这样的审美体验，学生能够更好地理解和表达自己的情感，提升他们的情感认知能力。同时，音乐美育还能培养学生的创造力和想象力，因为音乐的创作和表现需要学生在已有音乐知识的基础上，通过个人的理解和情感表现进行创新。

（二）美育与音乐情感表达的联系

音乐作为一种最直接的情感表达方式，通过音乐的情感表达，帮助学生在欣赏和创作音乐的过程中发展情感认知与审美能力。音乐的情感表达具有高度的情感张力和表现力，它通过不同的旋律、节奏和音色，传递出情感的多样性和复杂性。在音乐美育中，学生能够通过音乐作品的情感流动，感知并体验到不同情感状态下的美感，从而提升其情感的表达与控制能力。

音乐的情感表达在美育中扮演了重要角色，因为音乐通过直接作用于人的情感世界，能够在短时间内唤起强烈的情感体验。音乐美育不仅能够帮助学生更好地理解音乐中的情感内涵，还能促使他们将这些情感体验运用到日常生活中，提升其情感的敏感度和共情能力。在音乐美育的熏陶下，学生能够更好地理解他人的情感，并通过音乐作品进行跨文化的情感交流，这对于提升他们的情感素养和人际沟通能力具有重要意义。

（三）美育在音乐创作与鉴赏中的体现

美育不仅体现在音乐的情感表达和欣赏过程中，还在音乐创作与鉴赏中发挥着重要作用。在音乐创作过程中，创作者通过对美的理解和感知，将情感、思想和艺术元素结合起来，创造出具有美感的音乐作品。美育通过对创作者审美能力的培养，帮助他们在音乐创作中融入更多的美学原则，如和谐、对比、统一等，从而提升音乐作品的艺术价值。通过美育的熏陶，音乐创作者能够在创作中更好地平衡艺术表达与情感传递，使作品不仅具有形式上的美感，还能通过内容打动听众。

音乐鉴赏是一个需要深度审美体验的过程，听众通过对音乐作品的细致聆听和分析，逐步感知到音乐的美感与内在情感表达。在音乐美育的引导下，听众能够更加敏锐地捕捉到作品中的美学元素，如旋律的流畅性、和声的和谐性、节奏的多样性等，并通过审美体验获得情感上的满足。美育提升了音乐鉴赏者的审美能力，使其能够在鉴赏过程中更好地理解和感受音乐中的美，从而在精神层面上获得愉悦和启发。

美育在音乐创作与鉴赏中的作用还表现在对个体审美观念的塑造上。通过音乐美育的培养，创作者和鉴赏者能够逐步形成独特的审美标准和价值体系，并通过对美的感知与体验，将这种审美观运用到日常生活中。音乐中的美育不仅提升了个体的艺术素养，还帮助他们在生活中发现和创造美，使其能够在艺术与生活的交融中获得更多的美感体验与心灵满足。

（四）美育在音乐教育中的多层次发展

音乐美育不仅体现在具体的情感表达和审美体验中，还在教育体系中通过多层次的发展促进学生的全面成长。音乐教育中的美育不仅关注学生的艺术技巧和理论学习，还注重培养他们对美的感知能力、审美判断力和情感表达能力。通过多层次的音乐教育，美育能够从不同角度引导学生理解和体验音乐中的美，从而提升他们的综合素质。

音乐教育中的美育不仅是传统的课堂教学，还通过丰富的实践活动和艺术体验帮助学生更好地理解音乐的美感。例如，合唱、器乐演奏、音乐剧表演等活动能够让学生在实践中体验到音乐的魅力，并通过参与艺术创作提升其审美意识和情感表达能力。美育在音乐教育中的多层次发展促使学生不仅在音乐学习中获得技巧上的提升，还在精神和文化层面上获得深刻的感悟与成长。

第二章 高校美育概述

第一节 高校美育的内容

随着我国高等教育的深化改革，学校为受教育者提供了更自由的学术空间和更开放的学习氛围，学生选择学习内容的时间和空间的自主性和自由度明显提高，加上现代信息化社会的迅速发展，在大众文化的冲击下，学生会自觉地从各种渠道摄取有关美育的信息，而作为以美成人的审美教育的发展，亟须在审美教育目标的指引下，不断丰富发展教育内容，从而满足大学生日益发展的审美需求。

一、美育内容的基本类型

在近年加强高校素质教育的整体形势下，美育对于培养大学生综合素质的重要作用逐渐得到人们的关注，美育的教育内容也得到了丰富和发展。越来越多的审美教育者开始探索符合理想人格要求、适应时代需要的新的美育内容，并且注重美育在高等教育中的理论研究和实践创新，这些对促进美育的不断发展起到了重要作用。当前美育教育主要分为以下几个方面。

（一）按照教育范围分类

按照教育范围分类包括家庭美育、社会美育和学校美育等三个方面。其中家庭是人生的起点，也是美育的起点。家庭审美教育给予人的影响是基础性的和不可替代的。之所以如此，是因为家庭美育是建立在以血缘和亲情关系为纽带的家庭日常生活基础之上的，而家庭日常生活的内容极为丰富、广泛、具体，并处处注入感情的因素，对家庭成员尤其是孩子施加着全面入微的深刻影响。家庭美育的主要对象是孩子，父母是家庭美育的天然教师。我们应该把家庭日常生活看作一种教育，从这里找到家庭美育实施的途径。社会是一个广阔的空间，为审美教育提供了丰富的素材。社会美育的领域极为广泛，影剧院的演出，电视、广播中的节目，音乐厅、展览馆、博物馆、文化宫、俱乐部、体育场、游泳池、图书馆，以及生活环境的美化，风景游览区的开发，名胜古迹的整修，还有商店橱窗的布置，路边广告的设计，这些都可以作为社会美育的工具和场所，成为社会美育的组成部分。海涅说："在世间一切创造物中没有比人的心灵更美、更好的东西了。"人的内在世界的美、精神世界的美，即人的心灵美是最具重要意义的美，最富于光彩的美，是社会美的核心，是人类美的精髓。学校美育是对大学生进行人格养成教育的有效途径。基于学校本身"教书育人"的基本功能，在大学校园中通过实施美育来促进大学生理想人格养成和思想素质提升均有着相对便利的环境条件。

（二）按照性质分类

按照美育内容性质可以分为自然美育、艺术美育、人生美育三个大类。自然美是最原始也是最贴近人类生活的美，它就蕴藏在大自然之中。自然不仅为人类的生存发展提供基本的物质条件和环境，也是丰富人的精神生活使人获得美感的源泉。自从人类开始用审美的眼光来看待世界，大自然就成了人类的审美对象。只要我们身处于大自然当中，就能够感受到大自然的美，就可以受大自然的教育。而想要进一步欣赏自然美，真正实现自然美育，就必须了解自然美，提高对自然美的欣赏能力，培养学生热爱自然之情。艺术是艺术家借助一定的手段和方式对现实生活的典型性概括与反映，是艺术家创造性的劳动成果。艺术美来源于现实美，又高于现实美。艺术美育是现实美的凝练和集中，它包括音乐艺术美、美术艺术美、影视艺术美、文学艺术美和环境艺术美等。人生美育也是审美教育的重要组成部分，人有心灵美、形体美，有属于人与人之间的语言美、服饰美，有属于群体活动的环境美、人情美。人生美是指社会事物、社会现象、社会生活的美，它是美的最直接的存在形式，是现实生活美的最主要、最集中、最核心的一部分。人生美育主要是由人的思想、意识、情感，以及由它们在人和自然的相互关系中体现而组成的。

二、构建高校美育内容的基本思路

尽管多年来人们对美育的教育内容构建工作付出了很多努力，取得了一定的成绩，也总结了不少的经验。但是，当前的美育内容在高校教育体系中仍处在一个有待发展的时期，不仅在实践中存在一些亟待解决的问题，在理论上也需要随着时代和高等教育的发展不断完善与创新。因此，新时期构建以美成人的美育教育内容不可能一蹴而就，需要根据教育目标的指引，选择、确立、设计教育内容并将其有机结合起来，形成具有科学性、系统性的教育内容体系。探讨美育内容整体构建的依据和规律，可以为内容的构建提供科学的指导。因此，构建以美成人的美育内容要遵循以下几个规律。

（一）尊重学生成长的规律

青年大学生群体处在已经成年但又未在真正意义上走上社会的人生关键阶段，其身心发展特征、规律与中小学生和社会成年人截然不同，因此，在设计审美教育的内容时应该尊重学生这一成长规律。一方面，要在对青年大学生人格形成和发展规律研究的基础上，从人的认知、情感、意志和行为四个层面入手，有针对性地选择和设计教育内容，以达到科学地、循序渐进地培育审美价值观的教育目的；另一方面，在设计教育内容时，要注重教育内容既要符合当代青年大学生自主性较强、个性张扬、思想求异等身心特点，又要符合大学生在思想、心理、行为等方面的成长规律。

（二）尊重审美教育的规律

在审美教育过程中，教育目标的实现有实现自然美、社会美和艺术美等多种途径，而最基本的审美教育活动，一般通过审美接受与审美创造来实现其目标。因此，在设计教育内容时，要尊重审美教育的规律，教育内容要与审美接受的内在规定性相吻合，也就是要贴近大学生的审美需要，从而使受教育者（大学生）产生对于教育内容的认可，激发其内在的审美需求，形成对于审美的正确理解和强烈的审美意愿。审美创造是受教育者根据一定的审美理想，按照美的规律，运用不同的物质手段，自觉进行的审美实践活动。审美理想与社会现实的差异是审美创造的动力。审美教育要使受教育者认识到审美理想的丰满，反思社会现实的不足，唤醒受教育者的创造欲望，帮助受教育者实现审美过程的形象性和情感性的内在统一，并赋予其情感内在理性，从而使受教育者的审美创造实现从无意识到有意识、由自发到自觉的演变，收到水到渠成的教育功效。

（三）尊重时代发展的规律

与过去相比，大学生的思想、心理和行为以及他们所处的学校、家庭与社会环境都已经发生了变化，并且正在发生着巨变。改革开放四十多年，随着中国经济体制改革和经济的快速发展，人们的思想观念和生活方式也处在一种快速变化中，20 世纪 80 年代到 90 年代出生的跨世纪的一代大学生，在世界经济一体化的大环境和网络"联通"世界的背景下，思想和生活方式被打上了强烈的新时代的"烙印"。审美教育的内容能否做到尊重时代发展的规律不断改革创新、与时俱进，直接决定着教育的效果。构建新时期以美成人的美育内容要尊重时代发展的规律，这包括两层含义，一是要结合时代发展的需要创新教育内容，如加入传统文化审美教育、审美实践教育等；二是要赋予审美认知教育等传统内容发展中的新的时代内涵。尊重时代发展的规律，就是要顺应时代发展，美育要随着时代的变迁与时俱进，在内容上要不断丰富和创新，使之成为当代大学生喜闻乐见的内容，使他们更愿意去接受、更乐于去接受、更有兴趣去接受。让美育内容的创新成为美育发展过程中的关键一环，这既符合美育内容发展的内在规律，也符合美育内容发展的时代要求。

三、高校美育的教育内容

本书所构建的审美教育内容是以大学生人格养成为根本出发点和落脚点，

从人的审美心理结构的基本规律出发，着重加强审美认知教育、审美理想教育和审美实践教育等方面的内容设计和实施。

（一）审美认知教育

理解审美认知教育的基本含义先要弄清几个基本的概念。首先，认知是心理学家描述人的认识能力，既包含了一种动态性的加工过程（认识），也包含了一种静态性的内容结构（知识）。对于认知的理解学者们还存在一些争议，代表性的观点有以下几种。陈菊先认为，认知（知识）的发展，说到底是结构的发展，是结构的不断扩展和螺旋上升的建构。张春兴认为，认知即认识、学习，指个体经由意识活动对事物认识与理解的心理历程。从静态的角度看，认知即"知识"或"信念"。认知包括从低级的感知过程到复杂的言语及问题解决过程，它是个体知识经验积累的前提；个体在认知活动过程中获得的各种认知结构或图式，既是其知识经验的一部分，也是人格及其他个体差异发展的基础。其次，审美一词来源于古希腊，原意为感性。18世纪德国哲学家鲍姆加登提出，用为美学之意。对于审美的内涵学术界也存在一些分歧，主要有以下几种观点。李泽厚认为审美是人性总结构中有关人性情感的某种子结构。周燕认为审美是一种与现实的非功利关系，使人在感性直观中享受精神上的愉悦和快感。但是都可以归结到审美是一种情感活动，是一种认知活动。审美认知是指在已有的审美认知图式下对审美情境中与审美主体产生审美关系的客体的欣赏和认知，包括感知、判断、推测和评价在内的审美心理活动，而不仅仅是或等同于其中的某一过程。

综上所述，审美认知教育实际上是对于审美活动中的认知过程和接受过程的教育实施，是对美的信息进行输入、编码、转化、储存、提取、运用的加工活动。从审美心理学的角度来看，审美认知教育促使受教育者形成审美心理认知结构。这一结构是审美个体在审美活动中形成的，并对未来的审美活动起着支配作用。审美教育活动，主要是对于审美理论知识的把握和了解，对于审美信息的加工和处理，以及审美活动心理机制的控制与把握。审美认知教育是个体进行审美活动的重要环节，是获得和运用加工审美信息的内部心理活动，对于形成正确的审美感受和审美意识具有重要作用。因此在具体的教育过程中，笔者认为在原有的审美教育活动的前提下，应注重以下几个方面内容的设计实施。

1. 要注重系列性、层次性的审美基础知识教育

当前，高校学校开设的审美教育课程及活动主要集中于艺术教育环节，并且大多数的教育内容集中于专业类的审美技能的提升和发展，并没有摆脱以智育为衡量标准的基本思路。一般情况下，高校以审美为主要内容的课程主要分为以艺术专业为基准的必修课程以及以非艺术专业为基准的选修课程。而实际上，审美教育内容应与艺术教育、美学教育有所区别。审美教育不仅侧重美学基本理论的灌输与讲解，而且要将美学原理与日常的审美鉴赏有机结合起来，构成多种类型、多种层次的系列内容，进而普及审美教育的基本理论，促进学生审美素养的提升。首先，通过知识的讲授，使学生先理解何为美、何为审美，以及为什么要审美、怎样审美等一系列基本问题，为日常的审美鉴赏提供指导；其次，进行审美的生活性感知，通过进行具体的艺术欣赏、对各种艺术门类的接触了解，以及在日常生活中的审美批判，综合性了解绘画、雕塑、影视、戏剧、建筑、音乐、舞蹈、戏剧等不同艺术的审美特质；最后，将审美教育渗透到各门类科学的教育活动之中，并充分提升自然美、社会美、科学美等审美对象的教育内容，再将教育内容统一到人格的审美之中。

2. 注重对于悲剧与喜剧、丑与荒诞等审美形式的辨明

进入后现代主义时期，传统的悲剧、喜剧中"崇高"和"优美"的审美倾向在大众文化的冲击下已经不再是大学生仅有的美学视野。受西方现代学派等思潮的影响，"丑"与"荒诞"等新的审美形式越来越受到当代大学生的关注。因此，在日常的审美认知教育中，对于悲剧与喜剧、荒诞与丑等审美形式的辨明，也应当是教育内容的一个重要环节。这些审美形态以不同的样式，从多维的角度刺激审美对象——大学生的感觉和情感，从而对他们产生作用，影响他们的人格发展。例如，悲剧能够借助引起人们的怜悯和恐惧之情来使人们的灵魂得到净化和陶冶。这些悲剧主人公遭受的痛苦并不是由于他们的罪恶，而是由于他们的某种过失或者缺点，因此他们的遭遇会引起我们的同情与怜悯，尤其是他们是和我们相似的凡夫俗子，这又会使我们担心自己会由于同样的错误或者缺点而受到

惩罚，由此就产生了强烈的恐惧和不安。悲剧有不幸，有死亡，但它的本质却是崇高性、壮丽性、英雄性。那种英勇不屈的品格、激烈悲壮的境遇使人们的崇敬之情油然而生，激发起人们努力向上的意识。在崇高与悲剧精神感召下，人们胸襟开阔，摆脱低级、庸俗的趣味，使生存质量不断改善。

喜剧相对悲剧给人以不同的审美体验，它往往带给人的是轻松感、愉悦感。人们在喜剧氛围中，压力被缓解，情绪得到放松，心理达到缓和，精神得以休息。对于常处于紧张心境的人来说，这是一种极好的心理补偿。喜剧欣赏要求清醒理智的审美观照，机敏地发现其不协调的喜剧性，顿悟其喜剧意义，反思人类社会及人类自身的丑恶、缺陷和弱点，发现其反常、不协调等可笑之处，从而锻炼、提高欣赏者的机智敏锐的审美判断能力，实现对自我与现实的超越。喜剧教育更利于培养人们幽默的审美心理、达观的人生态度，幽默的乐观精神使人对某些令人尴尬的境遇、失误付之一笑，会在生活的波折面前处之泰然，可以清醒坦然地超越当下的矛盾与不足。

丑本来起源于原始人的宗教活动，表现的内容是对于神秘世界的恐惧，产生的基础是主体尚处于蒙昧状态，自我意识没有充分觉醒。丑看起来不顺眼，违反我们对秩序与和谐的爱好，因此会引起厌恶。荒诞是指在人的实践活动中，由于认识上的高度的局限性而导致人的行动的盲目，本质的扭曲和异化，丧失一切价值的非理性和异化的审美形态。现代派戏剧《等待戈多》就是这样一个兼容丑和荒诞的戏剧，剧中唯一的主人公戈多滑稽可笑的徒劳等待，表现着人们悲惨无奈的生存处境，既令人啼笑皆非，又发人深省，使人在对主人公命运的"哀其不幸，怒其不争"中，不由自主地联想到自身的处境，进而寻求改变现实的出路。荒诞感的笑不是开心的笑、乐观的笑、有希望的笑，而是无可奈何的笑、不置可否的笑、苦不堪言的笑。

丑和荒诞往往更具有深刻的意味，荒诞艺术促使人们从麻木、平庸的生活中猛然醒悟，深刻意识到生存环境的荒诞，它以非人化的人物形象表现人的尊严、价值的丧失，成就了"作为人而成为人"的价值的要求。从对丑与荒诞的感受中生发出摆脱丑与荒诞的愿望，在抑丑扬美的审美理想指导下投身于审美创造实践之中，用自己的行动去建造美好的世界。

3. 加强对民族传统文化的审美引导

按照荣格的集体无意识理论，不同民族、不同国家有着不同的文化心理，亦即不同的人格特质。中华民族有着五千年的历史，其优秀的传统文化，博大精深、源远流长，极具社会美和人情美的代表性元素。人类历史上曾有过四大古文明，分别是两河流域文明、埃及文明、印度文明、中华文明，其他文明都曾中断过，有的文明几近消失，唯有中华文明从没有中断，这说明中华民族的传统文化极富合理性，有着深厚的底蕴和强大的生命力。中国优秀的传统文化是中华民族屹立于世界民族之林的基石，是中华民族劳动人民道德智慧的结晶，是中华民族的巨大财富和不竭精神动力，是无数中华儿女坚强的信念支柱。

人格养成的先在性与历史继承性要求审美教育应该具有优秀民族文化元素。可以说，只有具备了鲜明的民族意识的审美教育才是真正意义的审美教育，继承了优秀传统文化因素的审美教育才更具有审美价值。

（二）审美情感教育

审美情感从概念上讲是指审美主体对于美的各种意识形式的情感表现和内在心理表现，审美情感教育包括审美关爱教育、审美理想教育和审美修养教育等。在审美活动中，审美情感产生于主体的审美实践中，而又引导、规范着主体的审美实践活动。在以美成人的审美教育活动中，应注重以下几方面的教育内容。

1. 审美关爱教育

一般来说，人的基本需要大致分为物质需要和精神需要。审美情感是在审美活动中自觉获得的内在心理感受，审美关爱教育与一般的审美认知教育不同，它并不与实用功利的目的直接联系在一起，注重的是人格本身与审美情感的内在契合。在审美关爱教育当中，最为重要的是教会当代大学生学会关爱、学会真诚，建构人格中中国传统文化所特有的"仁"的特质。长期以来，由于各种社会思潮的影响，以及高等教育改革中产生的一些矛盾尚未解决，实用性和功利性的追求得到了部分学生的价值认可。而在我们现行的教育内容当中，关爱、真诚的教育往往受到了忽略。当前，不少青年学生由于是独生子女，过多地以自我为中心，过多地关注自我得失，忽视他人的情感，在人际交往方面产生了不少困惑与问题。归结这一问题产生的原因，缺少审美情感的教育是一个重要的方面。由于家庭、学校缺乏对于学生关爱、真诚的教育影响，学生在日常行为当中缺少对于审美情感的关注，没有形成对关爱、真诚等重要审美情感的重视。从一些高校的审美教育来看，培养青年大学生的审美情感并不难，关键在于高校美育的发展和建设。当前不少高校倡导和组织志愿服务活动，如定期开展敬老助残活动、社区服务活动、爱心募捐活动等，这既是一种有效的德育手段，也是培养当代大学生审美情感的重要方式。除此之外，学校还可以通过美育课堂的教育、校园文化环境的熏陶、校园文化活动的引导，帮助大学生形成健康的人格。因此，在大学生的人格养成教育中，要以审美情感的熏陶和培育为目的。通过开展丰富多彩的关爱教育活动，使他们学会对他人的体恤和关爱，在家庭关爱自己的亲人，在学校与人真诚相处，尊重老师、帮助同学、关心集体，养成高尚的道德品质、良好的行为习惯和主动的团队合作意识。长此以往，学生能够自觉形成积极的情感体验，具备关爱的意识，懂得关爱身边的人和事，这对于完善大学生自我人格品质具有重要意义。

2. 审美理想教育

审美理想是审美意识中居于最高层次的审美范畴。在艺术活动中，审美理想得到了充分、集中的体现，它是在审美经验的基础上产生的，并且是这种经验的高度概括。审美理想产生于社会实践中，人的全部社会活动，从一定意义上说，就是不断地认识现实、产生理想，并实现理想的过程，人的审美理想就产生于这个过程中。作为审美经验的凝结与升华，审美理想与一般的社会理想、观念又有所不同，而且是有经验性的形象特征，非逻辑概念所能涵盖或替代。但是，要充分表现审美理想，使审美理想"物质化"，变成任何其他人都可以接受的东西，那就只有借助透视审美理想的"棱镜"来反映现实的艺术才能做到。

3. 审美修养教育

修养一般指个体的自我锻炼、自我培养，以及在此基础上形成的各种能力和品质。审美修养教育是在审美教育中有意识地促进受教育者审美心理结构的自我完善和发展，也就是实现审美他育到审美自育的转变。从这个意义上讲，审美修养教育是审美教育的一个极为重要的目标。在审美情感教育过程中，要引导学生注重自己的自我形象修养、内在气质修养，帮助学生慢慢认同正确的审美修养标准，并自觉地以这一标准来要求自己，逐渐具有人格的审美影响力。作为审美修养来说，这一教育与德育的区别在于，它不是依靠强制的手段和反复的灌输来为学生树立某种标准，而是尊重学生的个性特征，强调氛围的熏陶和影响，引导学生对于自我修养的主动性，以美的标准来促使学生从内心深处主动提升个人的修养，并使自身的改变不断地通过气质魅力散发出来，从而得到大家的充分尊重。

终极意义的审美情感教育应该是帮助人们达到一种和谐的状态，是促使人不断积极追求，最后体现人找回人的本性的过程。古希腊的克吕西普说："人体的美就是构成相互间关系以及对整体关系的各部分之间的对称，而心灵的美则是精神以其对整体关系和相互关系的各种因素的对称。"

（三）审美实践教育

审美实践教育可以有效地促进感性发展，实现审美情感教育，从而促进完整人格的形成。感性既指向艺术，又指向现实，美育以感性为起点，实现价值生成。在当代社会，人越来越生活在数字与图像的包围中，审美感官的迟钝及感知对象的非真实性，成为影响人全面发展的重大问题。作为感性教育的审美教育，其首要任务就是培养人对外部世界的感知能力，即整个身体与对象世界的相融。这种教育目标看似低级，但对人的全面发展却是奠基性的。感性发展包含两个层次，既包括感性要求的满足与解放，又包括感性的提升与塑造。审美实践教育也包括审美体验和审美创造等环节，一般由主体的审美体验和审美创造等环节组成。审美实践是通过人的自主性实践，逐渐体会人的自由自觉对美的创造，并将美的内涵集中、直接地体现出来。审美实践教育是功利与超功利的统一与结合，它既内合于美的无功利性，又指向人格养成这一功利性目标。

美育实践以发展学生的感性能力为首任，因此，在教育过程中既要尊重和发展学生的个性，又要以直观的审美形式为依托。这是因为感性寓于个性之中，没有个性，也就没有了感性，而富于意蕴的直观形式能够给人的感性因素提供自由表现的机会，事实上也就赋予感性充分发展的权利和条件。所以笔者认为美育实践中促进感性发展要做到以下三点。

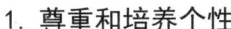

1. 尊重和培养个性

不脱离感性，也就是不脱离现实生活和历史具体的个体，这一点在美育中非常重要。因为感性见于个性之中，尊重感性就意味着尊重学生的个性，发展学生的个性，这是美育作为感性教育的最基本、最关键的宗旨。一般而言，严格意义上尊重个性、建构个性并强化个性的本体意义的教育，当首推审美教育。尽管德育也提倡个性化的教育，但是任何一个严谨的教育者都得承认，德育在本体性上是建立某种普遍的道德伦理规范，在德育中的"个性"只具有方法论意义。在智育中，个体对这个世界的各种好奇探究的眼光从根本上受到某种尊重和保护，但是不管他们以何种个性化的方式来把握这个世界，最终这些体验都必须靠拢、贴近、化归于某一真理性知识。审美作为感性的活动不仅在审美对象方面要求是个别的、具体而生动的存在，在审美主体方面也是极力推崇个性的眼光、个性的感受、个性的体验与个性的直觉与洞察。审美不仅期待着个性，而且造就个性、生成个性，没有个性也就没有审美，也就没有审美教育。

2. 尊重学生感性需要，完善学生感性机能

人的感性机能主要包括感觉、知觉、情感、想象等，它们在审美、艺术活动中发挥着重要作用。人的感性机能既包括感官层面的机能，也包括情感体验层面的机能，这种感性机能以情感为核心，但又不止于情感。这是因为感性是一个贯通了肉体和精神的个体性概念，它包含生理和心理两个层面。感性教育固然以心理机能的完善为核心，但是生理机能的完善也不容忽视。人的一切活动都要以一定的生理机能为基础，在审美、艺术活动中也是如此。因此，在人的审美和艺术活动中，要重视学生的感性需要，关注作为感性活动基础的生理机能，对个体的人格、人性进行整体性观照。

3. 运用直观的审美创造影响学生的观念意识，形成良好的审美趣味和审美观念

感性教育以把握对象内蕴为归宿，而不是以逻辑结论为主旨，这是一种生机勃勃的面对对象的领悟理解。然而，在智育统领一切的教育传统下，人们往往习惯了以概念、推理等形式来认识世界，容易忽略通过实践、体验等直观形式来把握世界。其实，直观形式得到的观念意识往往比概念形式中的观念意识更丰富，而且能对人的心灵产生更加深入细致的影响。尤其是在人们几乎单一地以理

性来认识世界的情况下，我们更需要发展人类的感性，更需要发挥直观的作用。正是从这个意义上，我们说美育是一种感性教育。

第二节　现代高校美育的目标

一、美育目标的一般构成

在任何一项教育中，教育目标是指对学生学习结果的预期与设想。教育目标既是教育出发点，也是教育的最终归宿。根据美国心理学家、教育学家布卢姆的教育目标分类理论，每一种教育思想都会产生潜在的教育目标，教育目标能够反映出教育过程中学生在认知、情感、思想、行为等方面的变化。在具体的教育实践中，通过对学生或受教育者的观察和测量，并将其所反映的特征加以分类总结，以作为教学实施与教学评价的有效依据。通过教育目标的实施可以准确地实现其教育思想。以美成人的美育，作为高等教育的一个有机组成部分，同样具有鲜明的目的性，需要有明确的目标定位来确保美育对于学生的教育质量和培养产生完美人格的根本指向。

美育作为教育的有机组成部分，在我国有着悠久的历史，最早可以追溯到先秦时期。在美育发展过程中，美育目标在相当程度上体现着国家和教育者的需要，在很大范围内受到了社会政治、经济、文化等多种因素的影响。民国时期，蔡元培等人倡导美育的发展，强调美育既要继承我国礼乐教化的传统，又要汲取西方近代教育的哲学思想，加以融会贯通。随着教育改革的不断深入，全面发展教育方针逐步确立，美育在人才培养中的重要作用受到广泛重视，特别是1983年中华美学学会第二届年会提出建立具有中国特色的美育学科后，美育进入了一个新的发展阶段，如何科学地构建美育目标也成为学界研究的重要课题。对于美育目标的构成及内涵，至今在学界并未形成统一的标准，我国美育理论研究者从不同层面进行了论述。曾繁仁从理论层面对美育的根本目标进行了论述，他认为美育是培养"生活的艺术家"，使广大人民特别是青少年一代以审美的态度对待自然、社会、他人和自身，做到"诗意地栖居"。杜卫认为审美主要涉及人的生存的情感维度，因而美育的功能可以直接指向人的生存质量和人格素质的提高。此外，在美育实践研究方面，赵伶俐从学校教育的本体出发，深入探讨了整个学校的美育和各教育阶段的美育目标体系、内容体系、教材体系，提出了高校美育的目标分类，从审美欣赏能力、审美表现能力、审美创造能力三个维度提出了12项具体的分类标准。张燕、顾建华等学者对大学美育课程的基本目标进行了探讨，张燕在《大学美育教学模式和教材体系研究》一文中认为，普通高校的美育的目标理应定位于着力提升大学生的思想道德素质、文化素质和心理素质，引导大学生形成积极的人生观、科学的世界观和文明的道德观，成为一个有理想、有抱负、有事业心、有责任感、有创造思维、热爱生活、全面发展的人，一个有高尚情操、有健全人格的人，一个自尊并且尊重他人的人，一个富有爱心的人。培养和塑造人文精神是大学美育的唯一目标。

　　总的来看，美育作为一个学科的研究还处于初始阶段，当前学界对于美育目标的论述尚未形成一个统一的标准。但是，尽管学者们对于美育的目标存在着不同的理解，美育目标的内涵及名称纷繁复杂，美育目标都与教育目标一样，是一个连续的整体，教育目标当中的教学目标、教育目标和远景目标等在美育目标中也有体现，只不过美育目标有其自身的独特性。美育目标实质上是根据社会对教育的根本需要，对受教育者个体在审美教育领域进行教育的预期效果和整体设想。一般意义上说，美育目标可以抽象为价值目标和终极目标两个层次。

（一）价值目标

　　在美育目标体系当中，价值目标可以定义为人们进行某项活动的总目的。相比美育终极目标，价值目标显示出现实性特点，具有一定的可操作性，可以指导阶段性教育和具体的教育评价。这类目标主要在整个目标体系中起到承上启下的作用，它是终极目标的具体化（承上），也指导具体美育目标的制定（启下）。从某种意义上看，美育的价值目标更多体现为现实性的功利目标，是基于人的基本需求进行的。如当前美育的一个基本的目标就是通过审美教育使个人素质、技能得到提高，在生活和工作中占有更大的优势，因而这样的目标是以明显的成效来衡量的。如通过美学专业课的学习，实现对美学知识体系进行系统掌握的价值目标；通过参加音乐、美术、舞蹈等艺术课程的学习，实现掌握一门艺术技能，或提高艺术鉴赏力的目标；通过到大自然或人文景观中游览，领略自然的雄伟壮丽和人类的巧夺天工，从而发出对自然的讴歌和对生命的礼赞。美育的价值目标从某种程度上可以说是美育的现实性目标，是当下经过规划和实施可以实现的美育境界。

（二）终极目标

相比价值目标，终极目标实际上是最高目标，审美教育的终极目标就是要建构精神人格完整的人。正如马克思所说："创造着具有人的本质的这种全部丰富性的人，创造着具有丰富的、全面而深刻的感觉的人。"可以说，美育的终极目标始终是对人的生存意义的关注，是以人的自由和全面发展为终极目的。改革开放以来，我国人民的物质生活和经济条件发生了翻天覆地的变化，这是科学技术和工具理性给我们带来的有利之处。但同时我们也看到，在各种社会思潮的冲击下，当代大学生在某些方面表现出的人文精神缺失，部分青年学生身上出现了席勒所指出的"单面人"的状况，人的情感、感性能力诸多方面都遭遇了限制甚至是退化。他们以虚无和悲观的态度来看待生活的意义，遇到一点挫折就轻易地放弃原则甚至生命。近年来，由于升学、就业、情感等多方面的原因，我国高校在校大学生自杀率不断上升，甚至出现了恶意杀人事件。很多高校在人才培养上更重视知识和技能的传授，而忽视了人格的培养。正如席勒所指出的"死的字母代替了活的知性，而且训练有素的记忆力比天才和感受更为可靠地在进行指导"。审美具有批判现代性和对抗工具理性的特征，以美成人的美育使人具有超越性，达到审美境界。人的根本属性是社会性，个体自身不断地完善人格，在某种程度上也会推动国家制度的完善和社会的进步，因此，人自身的和谐对一系列社会问题具有积极的意义。对于美育来说，需要我们不断地深入分析其终极目标，从人格的发展和完善来把握美育的发展，用审美和艺术的方式，把个体引入和谐、从容、超越一切物质束缚的境界中，在感性与理性之中找到平衡，使个体内心达到一种安详、融洽的状态，这也是美育目标的根本指向。

二、现代高效美育目标

（一）高校美育目标

实施以美成人的高校美育，指出了当前高校美育目标的基本定位，即始终针对纯粹的唯理性主义和物质主义的突破，始终坚持促进人的全面发展和美好生存。与此同时，完善人格的培养从另一方面提出了高校美育的总体目标，即始终围绕大学生人格养成、大学生人格完善而进行美育目标的选择设计，这是新时期确定美育目标的主要依据。针对新时期大学生时代人格所体现的具有人文关怀、积极乐观、独立和谐、开朗热情、创新洒脱等特质，高校美育目标应由以下三个维度的子目标建构而成。

一是提升学生的审美需要层次，旨在强调审美教育要关注学生的生活和审美认知的内在动机。学生的审美心理是自主建构的，而不是通过"灌输"形成的，如果在审美教育中忽视学生的自主性，没有充分重视学生审美意识的自由发展，提升学生的内在审美需要，学生的内在审美人格就不可能建立起来。

二是培养学生全面的审美情感和审美判断，协调学生人格中感性、理性等要素共同发展，并形成有机的项目联系，旨在强调审美教育在协调学生人格发展中的现实作用。既然审美教育不是通过"灌输"来影响人格的完善，那么发展学生的审美情感和审美选择就应该是一项基本的目标设定。

三是引导学生形成稳定化、普遍化的理想人格结构，逐步促使适应当前社会发展的时代人格品质的形成与确立，这既是审美需要层次提升的结果，也是审美判断和审美情感处于高级阶段的确证。

（二）高校美育目标的具体实施

教育学认为，任何一种教育目标的设计和实施都有一定的原则和要求。笔者认为，美育目标在具体实施过程中，仍需要遵循学生审美的一般认识规律和接受规律，从学生的审美心理出发，循序渐进地进行审美教育。具体来说，在审美教育过程中要从以下几个方面着手。

1. 培养大学生的审美感受力、判断力和创造力

逻辑思维、形象思维和直觉思维是人类最基本的三种思维方式，形象思维与逻辑思维直接关系着人们在实践中的创造性发挥。由于美育带有鲜明的形象性、愉悦性、情感性等特点，因此能够充分促进大学生个体的直觉及形象思维能力的发展，进而提升个人的综合素质。尽管美育目标最低的层次是满足人的功利需求，但在实践中也需要通过对审美对象的外在感性形式进行直觉感悟和审美评价，逐渐激发个体的直觉和感性思维，不断培育个体的想象力和创造力。在长期实践中，要不断引导大学生感知美、欣赏美，在体验美的过程中形成发散思维和对美的判断力，促使自身的创造力得到潜移默化的提升。一本好书塑造的感人形象可以唤起大学生内心的激情；一部好电影的境界可以引起大学生对美好生活的无限向往与渴望；一个精彩的画展可以激发大学生无限的想象力和创造力。美育在各种美育形式的实施中"春风化雨"般地影响和改变着大学生的审美能力。

2. 培养大学生的审美意识和审美价值追求，使其超越"功利"

在培养审美能力及关注审美素养提升的同时，审美教育活动的目标还应实现对功利生活的精神超越，促使审美教育脱离一般的功利价值目标体系，能够暂时放弃实用性的考虑，形成一种超越功利的审美意识和价值追求。瑞士美学家布洛认为，在审美活动中，人要超越日常看待事物的方式，摆脱现实中的利益关系，与现实中的生活形成一种"距离"，把物我关系由实用主义变为审美主义，达到"潇洒脱俗""超然物外"的超功利审美境界。这种观念有利于打破肤浅的人生价值和幸福观念，避免因"急功近利"而"目光短浅"，把人生的目标仅锁定于对物质的极度追求而完全抛弃了精神家园。自有人类历史以来，亘古称颂的从来不是富甲一方的官员和商人，而是给人类留下宝贵精神财富的思想家、哲学家、科学家。实施审美教育，就是要使大学生在"撕碎的美"或"含泪的笑"中得到情感的升华和心灵的净化，进而引发他们对于生命意义和价值的深层次思考，让他们在不同于物质功利标准的新的价值标准中去生存，去体验更加永恒的生命价值。

3. 培养大学生追求理想人格的自觉，使其实现审美人格的精神建构

人的心灵世界本身就是一个感性的、意义丰富的世界，审美人格的精神建

构需要在个体主动地参与和创造过程中实现，是人的内在精神的一种积极的探寻和建构的过程。自我"全面而自由"的发展，是人类遥远的梦想和渴望，是理想人格境界。审美教育目标在这一方面要不断提供契机、情境和氛围，以美的旋律和震撼，拨动学生的"心弦"，激发他们内心深处对美的渴求，对美的想象力和创造力，促使学生在个体的成长和建构中，把对理想人格的追求当作自觉的愿望和行动，积累和养成个体的人文关怀精神，以及独立和谐、开朗乐观、创新洒脱的内在品质，并不断使其发展和提高，推动自我的人格建构不断走向丰满和成熟。

第三节　高校美育的原则

原则是人们观察问题、处理问题的准绳，对问题的看法和处理方式，往往会受到立场、观点、方法的影响。原则是从自然界和人类历史中抽象出来的，只有正确反映事物的客观规律的原则才是正确的。

教育原则发源于教学实践，教学实践是教育原则赖以产生的根基和土壤，也是教育原则不断更新、发展、丰富的唯一源泉。自有教学活动以来，人们在教学实践中，经过不断摸索探讨，逐步发现了一些使教学取得成功，带有规律性的因素，认识到一些导致教学失败的教训，于是一些先进的思想家、教育家将它们加以总结、提炼、概括成为理论原则，作为指导教学实践的基本法则。

随着教育改革的不断深入，人们对学校美育的认识也在不断提高，但从我国高校教育的现状来看，美育教育不容乐观。高校美育远不及德育、智育、体育等完善，存在比较严重的教育方向不明确、教育原则缺失的问题，具体体现在以下几个方面。其一，一定程度上存在着"唯分数"为考试而学的现象，因此而导致的厌学现象十分严重，扼杀了培养科学素质所需要的宽松的环境、和谐的气氛。其二，现实中的高等教育大多是一种片面强调理性而忽略感性和非理性的理性主义教育，这种理性教育以传授大学生理性知识、发展学生理性能力为主要目的，借助科学的手段来实施教育。只重视理性而忽略学生感性发展的教育，使学生的感受力受到严重的损害，对各种事物失去兴趣和好奇心，精神生活极其贫乏，甚至会导致学生情感的冷漠。其三，在当前的学校教育中，较多地存在着美育与学生思想行为"两张皮"的现象，教师和学生都把美育当作一门课程来学，并未从自己的生活实践和社会生活中去体验学校传授的美育观念，更没有使之成为自己的价值观念，究其原因就是美育的过程中缺少了审美过程，变成单调、抽象的定理。其四，美育过程中的模式化教育限制了学生个性的充分发展，强迫所有学生接受同样的知识和同样的教学模式，不充分考虑学生个性的多样性。片面地追求对学生群体进行共同目标的教育，忽略了学生个体差异，用同一本教材教不同资质、不同文化教养、不同家庭背景的学生；用同一套试题测试不同基础、不同程度、不同能力、不同兴趣的学生；用同一把尺子衡量所有学生在学习过程中产生的差异；用同一个标准判断不同发展轨迹的学生。不重视学生的不同需求，不允许学生有不同于教学大纲和教材的见解，以"教"的形式上的"公平性"掩盖了"学"的实际上的不公平性，结果"因材施教"成了陈旧教育观念的同义语。更严重的后果是剥夺了学生自由发展的权利，束缚了学生个性的发展，窒息了学生不同的天赋才能。在这种美育教育下，学生逐渐失去了灵性与锐气，变得没有了个性、没有了特点，更不会创造。长此以往，将影响整个民族的精神境界。上述这些问题从不同角度体现了大学美育原则的缺失，在不同程度上影响了大学生人格的发展与完善。

根据以美成人的美育基本定位，结合当前大学美育原则缺失的现实问题，笔者认为，在高校开展以美成人的美育要遵循四项基本原则。

一、乐中施教的原则

美育是使人"乐"的教育。孔子说："知之者不如好之者，好之者不如乐之者。"当人们"乐在其中"的时候，陶陶然，融融然，在不知不觉中欣然受教。古罗马诗人、文艺理论家贺拉斯在《诗艺》中也提出"寓教于乐"的美育原则，指出诗带给人乐趣和益处，也给人以劝谕和启迪。的确，美给人以感官愉悦的满足，能激荡人的情感，人们倾心赏美，因而乐意受教。人的审美愉悦性的来源不仅简单地决定于审美对象，还有人对自己智慧与力量的肯定。因此，在美育活动中，受教育者常常处在一种喜悦的心理状态与精神状态，产生强烈的情感体验，获得极大的审美享受。这种愉悦性是感染人、启发人、吸引人去参与审美、参与美育的重要因素。

美育的乐中施教原则是指在对大学生进行美育的过程中根据教育的目的、结合大学生的审美特征，有的放矢地对学生进行审美教育，把大学生单纯的生理愉悦转变成渗透着理性的高尚情操的原则。这种寓教于乐、以乐促教的教育方式是审美教育得天独厚的优势。在美育过程中，教师要坚持以美成人的美育乐中施教的原则，要将愉悦教育和形象教育贯穿教育的全过程。

但是，在现实中，一些高校美育工作存在与现实不同步、教育的有效性程度不同、内容和方法陈旧等问题，往往表现为千篇一律地讲道理，忽视了学生的情感世界、年龄特征和个性差异，学生处于一种被动的参与状态，其结果容易造成学生冷漠和抵触。而将愉悦性贯穿到大学生人格养成之中，可以弥补美育工作中硬性说教的枯燥和抽象乏味的弊端。因此，在大学生人格养成教育的过程中要注意激发学生的兴趣和能动性，变消极被动为积极主动。借助美育的手段，让学生在生动形象、意义深刻的活动中受到教育，往往能取得事半功倍的效果。

要实现将愉悦性融入大学生人格养成教育中。首先，要求从教材到教育活动过程，从教师的教导到活动环境都具有愉悦、有趣的特征。这就要求教材的编写既要有一定的思想深度，又生动地切合大学生实际，不要空谈大道理。另外，美育教学力求形式多样，可以采用辩论、演讲、讨论等方式，还可以利用现代化教学手段，抓住大学生热点问题。其次，在以美成人的美育工作中，可以设计一些适合大学生的活动，如让学生欣赏充满道德、国情的影视作品；在文艺会演中，鼓励学生自编自导一些反映学生自己生活的故事；举办一些主题积极向上的学生原创歌曲大赛、绘画大赛等，让学生在对美的欣赏和创造中，在自我沉浸与陶醉中，伴随着相应的情感发展的体验，实现美的意识自觉，使人格丰满和升华。

总之，在教学活动中，由美育效应带来的愉悦性使学生成为教学世界中的发现者、创造者，使学习过程转化为一种丰富的精神享受，引导学生形成一种高尚的健康人格。

二、潜移默化的原则

人格的养成不是一蹴而就的，它是伴随人一生的个体养成教育；美育的效果也不是立竿见影的，需要经历一个长期的培育过程。学校无小事，事事都育人。美育应是高校育人中重要的内容，是学校全方位、全过程的教育。因此，开展美育，不能急于求成、揠苗助长，必须坚持潜移默化的原则。美育贯彻的潜移默化原则是指美育在高校应无时不在、无处不在，要使学生的思想、品性或习惯在教育教学及日常生活中不知不觉地受到影响、感染，于无形中发生变化的原则。美育实施中坚持潜移默化的原则包括两方面，一是要实现美育在教育全过程的渗透和贯穿；二是要实现美育在校园文化中的渗透与贯穿。

首先，坚持潜移默化的原则就是要实现美育在教育全过程的渗透和贯穿。在教育的全过程中，从学校布局到教育环境布置，从教育到教学，从管理到后勤，从课堂内外的教育活动到教育活动中的一举一动，无不存在着审美。蕴含审美设计的教育是为了实现教育目的、目标，以及教育活动，促进学生包括人格发展在内的全面发展，开发每一个学生多方面潜能的教育。它不仅追求学生在教育活动中知识技能的获得、体力智力的发展、审美情趣的提高，还要求形成受教育者健康的人格修养的过程。在教育过程中美的享受，使学生精神振奋，充满自由创造的喜悦，只有这样的活动才能使学生喜闻乐见、积极参与。美育通过以情感人，使学生在轻松愉快的氛围中悄然无声地受到美的熏陶，在接受知识滋润的同时提升人格，使大学生在潜移默化中塑造了人格，获得全面、和谐的发展。

学校美育不仅是艺术、知识和技能的教育，更是教育全过程的一种教育理念，体现并渗透于一切教育全过程的教育艺术和教育方法。它融入了施教者的人生体验、情感创造，是对教育技巧的超越和升华。学校教育中的具体教学内容，每项活动的过程本身都应是精彩的、美的，要使学生在学习各种知识的时候，以欣赏的态度投身其中，使教学活动成为一种特殊的审美活动，使所有从事此项活动的人从中得到美的享受，在潜移默化中丰富其人格的发展。

同时，美育应该渗透在"德智体美劳"等各方面教育中。在德育教育过程中，要强化文体活动、艺术鉴赏、时事教育、实习实践、文明规范等形式、内容和过程，使德育充满愉快的情趣并具有吸引力。在智育方面，美育与之是相辅相成的，丰富的科学文化知识和良好的智力有助于提高学生感受美、理解鉴赏美和表达创造美，进而提高他们的艺术修养。丰富的想象和形象的思维能力可以使学生形成健康的审美情趣和美感，使学习生活充满愉快，体验到劳动与创造的幸福。从体育方面来看，学校应倡导健康与健美的结合、科学与艺术的结合、运动与形体训练的结合，将体育作为提升审美水平的过程。体育活动注重过程的精彩，要求有互助合作的品德，有健美的姿态和富有节奏感的协调、优雅的动作，有克服困难、刻苦耐劳、灵活机智、不甘落后的精神，这是对个人意志、精神、情操、人格、心理品质的磨砺。在劳动技能培养中也要渗透美育。通过劳动技能的培养，使学生学以致用，掌握劳动技能知识，并在此基础上培养学生的劳动观念和劳动习惯。创造是美的享受，使学生在创造中领略到劳动创造过程中的审美愉悦，创造出美的作品和美的生活，激发追求美的欲望、美的理想和陶冶出美的心灵。

总之，美育在大学教育和人才培养过程中既要相对独立，发展学科特色，也要注重在教育全方面、全过程的潜移默化，使之成为大学教育中的重要内容，成为渗透学校教育、管理、服务等各方面的综合教育。

其次，坚持潜移默化的原则就是要实现美育在校园文化中的渗透与贯穿。校园文化是一种特殊的社会文化，是由校园文化教育、校园文化生活、校园文化环境、校园文化队伍、校园文化制度、校园文化政策及校园文化组织和设施等构成的复合体，即通过学生的直接参与，在建立健全完善的文化组织的基础上，运用现有的文化设施和文化政策，开展丰富多彩的校园文化活动，从而营造一定的文化环境，倡导一定的文化观念，确立科学的思维方法，形成特有的校园精神和校园风气。

校园文化是实施美育的一条重要途径，其丰富的内涵和色彩鲜明的特点在高等教育中发挥着多种功能，对帮助大学生塑造完美人格有着不可替代的作用。第一，要通过建设优美的校园环境丰富学生的审美体验，使学生时刻受到美的熏陶。校园环境是校园文化的载体，宽敞明亮的教室，绿树成荫的人行道，安静整洁的图书馆，设备先进的实验室，文化底蕴深厚的人文景观，设施齐全开放的体育场馆，这些都会让人觉得赏心悦目。优美的校园环境对学生的学习和活动都有着积极的意义。校园是进行教育教学的主要场所，是学生长时间生活的家园，在一个杂乱无章、格调低下的校园中生活，学生不免心烦意乱、焦虑低迷；而在一个良好的校园环境中生活，学生每时每刻都会受到美的感染，得到美的享受，陶冶美的情操。第二，要用校园文化的审美性促使大学生追求高尚的人格。校园文化的审美性对促使大学生追求高尚人格起着"春风化雨，润物无声"的熏陶作用。要积极营造与倡导崇尚科学、求实创新、团结友爱、健康向上的校园文化，使学生在这样的氛围中进行直觉体验和领悟，融美于心灵。积极弘扬先进模范人物和集体的事迹，充分发挥其激励人、教育人的作用，通过良好的校园风范和校园环境，满足教学科研生活的需要，陶冶大学生的思想情操，净化大学生的心灵。

三、因材施教的原则

美，说到底是人的一种主观感受，审美是主体性的审美，不同的审美个体在不同的生理和心理机构的基础上，形成了不同的审美需要、审美能力和审美价值取向。因此，在开展美育的过程中，我们要坚持因材施教的原则。美育中的因材施教原则是指在美育的过程中，根据大学生能力、性格、志趣等具体情况施行不同的美育，从而使大学生的人格能够自由、和谐地发展。

尊重大学生审美个性倾向对于促进个体完整人格的构建具有重要意义。从教育学的角度看，因材施教的原则表现出对大学生主体地位的充分尊重及个体身心智能差异的科学态度，并为学生的后续发展预留了一定的空间。从教育教学的角度来看，从学生实际出发，针对学生不同特点，区别对待，有的放矢地进行教育，使学生按照不同途径、不同条件和方式，取得最佳的教育教学效果。因材施教原则是学生身心发展规律在教育教学中的反映，是符合大学生人格发展规律的基本原则。

在以美成人的美育中，我们可以从以下几方面来贯彻因材施教的原则。

首先，准确定位，从实际出发进行美育。在对学生进行美育前，先要了解学生，了解他们在哪些方面比较擅长，哪些方面还存在差距，对学生的审美认知水平进行准确的定位，真正做到把好每个学生的"脉"，帮助他们了解自己的审美情况，认识自身的优势，从而调动大学生学习的积极性，帮助他们树立取得成功的信心。

其次，针对学生的个性特点，设计最佳方案，使其个性得到充分发展。在美育过程中，要求教育者对学生的一般知识水平、接受能力，以及每个学生的爱好、兴趣、身体状况等方面都充分了解，以便从实际出发，分别设计不同个性特点的学生成长的最佳方案，有针对性地进行美育。

最后，正确对待个别差异，激发学生的学习兴趣。在以美成人的美育中，要充分尊重大学生的需要、兴趣和各方面的才能，使学生在美育过程中找到自己最喜爱、最擅长的领域，并在这一领域深入下去。在这一过程中，要求教育者必须对所教学生有详尽的了解，最大限度地掌握学生的兴趣所在，不失时机地引导和鼓励学生，以增强他们的自信心，激发学生提高自我美育的主动性。在美育中，只有认真贯彻因材施教的原则，才能有效地培养学生审美的兴趣，提高学生的审美能力，促进学生个性的协调发展，从而帮助他们建构和谐人格。

四、循序渐进的原则

美育中的循序渐进原则是指在大学生人格养成的美育过程中，要根据大学生认识发展的顺序，由浅入深、由易到难、由低到高逐步进行的原则。

按照认识的规律，人们对事物的认识总是由感性到理性、由表及里、由此及彼的，学生学习的过程也是如此。以美成人的美育的循序渐进原则就是要求教师按照由近及远、由简到繁的认识规律来组织教学。学生在完成了中学阶段的学习后，升入大学进行学习，是从人生的一个阶段进入了另一个阶段。这一阶段的学生一般缺乏实践经验，心理、思想与行为处在从发展中逐渐走向成熟的阶段，审美观有正确的也有错误的，有高尚的也有低级的，有健康的也有畸形的。不良的审美观往往使他们无视美、歪曲美，甚至以丑为美，严重影响他们身心正常发展。因此，在审美教育中，首先要进行大学生自然美、艺术美、社会美等欣赏能力的培养，当大学生形成一定的高尚健康的审美情趣时，再发展其审美想象和艺术创造能力，最终使其构建起高尚完整的人格，这是一个循序渐进的培养过程。

首先，要帮助大学生养成正确的审美态度。简单来说，审美态度就是人们在审美活动中所持的审美观。正确的审美态度是以美的眼光来认识世界，以美的视角来分析世界，在美的欣赏中实现对名利与物欲的超越，在愉悦的心态下达到精神世界的自由与陶醉。正确的审美态度可以让大学生养成乐观向上的世界观、人生观和价值观，善于发现生活中的美，以美的经验来化解问题与矛盾，不瞻前顾后、患得患失。正确看待前行中遇到的困难和磨难，不轻易被摧垮和打倒，善于化解各种竞争的压力为无尽的动力，快乐地学习、轻松地工作、幸福地生活。

其次，要帮助大学生提高审美欣赏和判断能力。审美欣赏和判断能力是人们在审美活动中发现、感受、判断和欣赏美的能力，它帮助大学生正确区分美与丑、善与恶，是他们摒弃邪丑恶、高扬真善美，按照美的理想去创造世界的先决条件。审美能力的培养要从两个方面入手：一要紧紧抓住知识传授的环节，占领课堂教学的阵地。通过美学基本知识的传授，引导大学生掌握基本的美学常识和美学理论，了解美的本质和特征、内容和形式，使大学生具有初步的美学修养，并在此基础上，形成正确的审美标准判断，在审美活动中起到理论上的引导作用；二要大力开展审美实践活动，使学生在课外、校外丰富多彩的艺术实践中，在具体可感的审美体验中，在美丽的大自然和社会的广阔天地中真正学习美、了解美、感受美、欣赏美，在美的感染中使情感得到升华，审美能力得到提高，人格结构趋于完善。

再次，要培养学生的审美创造能力。完美人格构建的重要目标之一就是要发挥人的创造性。审美创造能力是指人们在审美实践过程中，按照美的规律，遵循美的原则，自主创造美的事物的能力。大学生具有热情好动、求变求新的特点，高校美育要鼓励大学生的创造热情，同时引导他们自觉地用美的尺度来评价、指导自己的生活，按照美的规律来美化主观世界和客观世界。学校美育要引导和鼓励学生对美的创造热情，为他们搭建创造美的平台，使他们有足够的机会来展示自己，有足够的勇气和能力去描画自己和世界的未来。美育是激发主体的创造欲望，培养大学生的创造能力，实现其完善人格的有效途径。

最后，要帮助大学生自觉地以美修身。大学生年轻、好学、有知识、有才干，但有知识不等于有了高尚的人格，有才干也不等于能干出一番大事业。高尚的品格来自美的塑造。高校美育要帮助大学生自觉地按照美的标准和规律修身养性，塑造美好的自我形象。大学生审美素质的养成，不仅要靠自身努力，还在于他们所赖以成长的特定环境，以及他们成长过程的走向。因而，加强美育，提高大学生素质，是一个持久的全方位的系统工程，应该包括：规范设置艺术鉴赏课；广泛开展课外活动，开拓美育第二课堂；加强校园文化建设；美化校园环境。学校还要通过健康向上的艺术实践，激活大学生自身潜能，完善其人格，抖擞其精神，使大学生在审美修养的不断提高中实现生理、心理健康和谐的发展。

此外，循序渐进原则还体现在不断反复的美育过程中。细雨润物，贵在不断熏陶，好的艺术品百看不厌，优美的歌声反复传唱，优秀的文学作品流传百世，而每次欣赏都会有新的感受。因此在以美成人的美育的过程中，学生的认识在不断地深化，想象在不断地发展，体会在不断地加深，所以，美育的过程需要不断反复、加深，在循环往复中实现人格的完善。

第四节　高校美育的载体

"载体"一词最早出现于化学领域，随着科学综合化趋势的发展，"载体"的含义得到引申，扩大到社会科学领域，为众多学科所使用。"载体"通常被理解为承载知识和信息的物质形体。笔者认为，以美成人的美育的载体就是能够承载和传递以美成人的美育的内容和信息的形式。

一、基本载体：美育课程的课堂教学

基本载体就是以美成人的美育的最根本和最基础的载体。学校的主要教育活动是教学活动，课堂教学是主要的教学活动，因此，课堂教学是学校对学生进行教育的主要形式，也是美育的根本途径和主要渠道。高校美育课程的课堂教学是在科学的教学理念、特定的教育目标、合理的课堂组织安排下开设的，高校美育课程是以美成人的美育的基本载体。

近十年来，我国的高校美育工作取得了一定的进展。但是，由于美育课程起步较晚、重视程度不足等客观现实，美育的实施与课堂教学仍然存在着重理论轻实践、重知识传递轻感情体验等问题。一方面，目前在国内基本上还是沿用旧的美学课程体系，把美育当作一门知识来学习，这就不可避免地会造成美育教学与审美实践的脱节，理论与实践难以形成一个统一体；另一方面，忽视了课堂教学过程中作为审美主体的学生对美的情感体验。美育不能离开感性形象，不能没有审美主体的情感体验，从理论到理论、从教科书到教科书的知性思维教育方式抹杀了美育对审美主体在情感、想象、创造等方面所起的独特作用，从而弱化了美育的人文学科地位和价值，使美育的实效性大为逊色。综上所述，美育课程教学观念的不完善带来了教育目标、教育内容和形式等方面的问题，使美育很难彰显在学生人格养成中的地位和作用。以美成人的美育，在课程设计和课堂教学中应从教育目标、教育内容和教育形式三方面进行科学、合理的设置和构建。

（一）注重教育目标的全面性和层次性

从理论上来考察，美育的目标可分解为相互联系、相互渗透的两个层次。表层是传递审美知识，提高人的审美感受能力和审美创造能力，培养与此相关的感知力、想象力、理解力等能力素质；深层是对人的精神世界的陶冶、对心理结构的重建，乃至塑造健全的人格，促进人的全面发展。美育目标任务的实现是一个由浅入深、由部分到整体的过程，培养学生的健全人格是美育的终极目标，也是美育课程的教育实质。美育不是造就熟练运用技能的艺术家，现代美育不能仅仅停留在审美知识和审美能力的层面上，而应该让学生通过这些内容的学习拓展知识背景和思维空间，获得基础性的文化知识、价值观、认识论和方法论，使学生的知识范围和思维空间不局限于专业知识和方法论的层面，应使学生的人格获得宽厚的文化底蕴。美育是对整个人的教育，美育已发展成一种以各种美和各种艺术（内容）通过各种审美活动（中介）和美感体验（接受）的综合育人活动，是对人的整体性教育，关注人的整体素质的提高，既提高审美能力、陶冶道德情操，也开启心智之门。因此，美育课程是在追求真善美和谐统一上的人格教育，是在关注人的整体素质和个性自由全面发展上的素质教育。在教学中，要建立逐层深入的教学目标。从层次性上讲，既要有浅层目标，更要有深层目标；既要有一般性的目标，又要有特殊性的目标；既要有远期性的课程目标，又要有近期性的课程目标。从全面性上讲，不仅要包括知识性目标，还要包括行为的、情感的、认知的、结果的、体验的、表现的等目标。科学、合理的教学目标的确立有利于教育的有计划、有目的地开展和实施。教师不仅要传授审美领域的相关知识，更要注重引导学生进入艺术所营造的审美境界之中，体味灌注其中的浓郁的审美情感，接受美的感染和陶冶，更要着力培养学生的人文精神，促使他们完善自身的个性结构，实现全面发展。

（二）注重教育内容的系统性和科学性

美既有相对共通的标准，也因个体的个性特点不同而呈现出不同的特点，因此对于个体的美的教育，要在普及共性美的标准的基础上，针对不同个体的审美接受机制和个性特点开展，教育帮助学生树立正确的个性发展观，促进学生普适美和个性美的和谐统一。

将系统性和科学性的原则落实在以以美成人的人格养成为旨归的美育教育内容设置上，就要建立系统的课程体系、教学计划，还要强调教育中人格养成的指向性。首先，在课程内容的选择方面，教育的目标并非让学生获得专业性教育要达到的某个科目或领域类别的知识体系及结构化的知识要求，而是让学生通过这些内容的学习拓展知识背景和思维空间，获得基础性的文化知识、价值观、认识论和方法论，使学生的智性思考获得独立性，唤醒学生的审美意识，提高学生的审美能力，使其人格获得宽厚的文化底蕴。其次，在教学内容的选择上，重在突出文学艺术门类课程。具体来讲，文学艺术课堂教学主要包括文学、音乐、美术等学科，理论知识主要包括文学和美学的基础理论、艺术理论、文学艺术史和其他相关的文学艺术常识。使学生能够通过基础理论知识学习，了解文学、艺术中的美的原则和各类审美范畴，让学生懂得美的存在形态及人类审美活动的过程。审美活动使学生进入一个属于个人的审美世界，并能够从中获得巨大的审美愉悦和享受，不进行具体的审美活动，是无法获得美的。而课堂活动就是审美活动的一个途径，学生在课堂的实践活动中，思维最为活跃，不再面对教学活动中由于知识程度上的差异而产生的师生交流障碍。课堂活动能够有效打破单一的、平面的、封闭的教学体制，它所涉及的是学生更为广泛的学习兴趣、情感体验、观察能力、想象能力、创造能力和实践能力，这为审美教育开辟了广阔的空间。

最后教育者应在教育的过程中，结合教育内容，培养学生的普适美的理念，使学生树立科学的审美观，结合个人的性格特征，建立符合个人风格的个性美，在此基础上帮助学生增强自信，促进学生普适美与个性美的和谐统一，完善学生审美人格。

（三）注重教育形式的互动性和多样性

人是能动的、自主的，具有选择和自我教育的能力。人的自我意识在自身人格发展中发挥着组织者、推动者的作用，影响并塑造着人格品质结构的其他成分和这些成分的相互关系，制约着个人行为。任何外界的教育影响都必须通过受教育者内在积极性的发挥才能起作用。充分调动受教育者的自主意识，激发其在课程教学过程中的自我建构、自主建设的积极性，既是美育功能发挥的保障，更是受教育者主体人格发展的核心要素。传统的美育课程以知识传授为主要形式。然而，枯燥、晦涩、抽象的讲解分析，不应属于美学课程。美育不仅需要美学理论的指导，还要与教育学、艺术理论及实践紧密联系。它是一门将理论与实践融合在一起，以感性形象的方式作用于人的情感世界的课程。美学课程不同于一般的单纯欣赏，它要揭示美的规律，介绍美学知识，并且要达到一定的深度，具有一定的理论性和系统性。美学课程也不同于一般的专业课程，它要借助艺术作品的独特性来启迪学生、感染学生，使课堂不仅成为传播知识的场所，而且成为陶冶心灵的圣地。

因此，高校的美育课程从形式上来讲要具备互动性和多样性，要吸引学生的注意力、激发学生的学习兴趣。一方面，要注重教育过程的互动性。教育的过程本身就是一个师生思想和情感的交流过程，美育教师应该创造一种人格平等、关系融洽、情理交融、生动活泼的教育氛围，进而充分调动学生的积极性、主动性和创造性，致力于启发学生展开丰富的想象，激发其审美创造力，提高学生对教学内容的理解能力。教师在教学过程中应帮助学生把握审美对象，从感染、欣赏、探索诸方面引导学生认识具体作品的艺术魅力，并在教学过程中给予学生恰当的激励、赏识、理解和帮助，努力创设一种和谐、愉快、民主的情景氛围，多给学生提问、回答的机会，注重讨论式和启发式的灵活化课堂教学，注重师生间的交流互动。另一方面，在授课的手段上，要结合文学、艺术课堂的授课内容，充分发挥多媒体、网络的灵活性、丰富性、实时性等特点，运用多媒体技术，将音频、视频、图片等综合到课堂中，使教学中涉及的艺术作品直观、形象地呈现在学生面前，做到色美以感目，意美以感心，使学生仿佛置身于艺术殿堂，以此来激发学生的学习兴趣。发挥学生的联想力与想象力，并与审美的感性特征结合起来，突破现有审美教育偏向理论和知识的局限，把审美的理论教育与学生的审美体验、审美素质的培养有机地结合起来，充分调动学生的积极性，提高学生的审美兴趣，促进学生的人格养成。

二、一般载体：美的校园文化

一般载体是最普遍和最通常的载体。校园文化作为学校教育的重要组成部分，是以美成人对学生进行人格养成过程中的环境、氛围因素，是最普遍的教育载体。校园文化是指学校师生在教育、教学活动中所创造和形成的精神财富、文化氛围及承载这些精神财富、文化氛围的活动形式和物质形态。

文化熏陶是形成人们的性格和人格的最重要因素，文化是人的心理活动的客观基础，它与高级神经活动一起，形成人的心理的两根柱石。校园文化作为一种特殊的意识形态和群体意识，是一种客观存在，它客观地存在、变化与发展，通过特定的人文自然环境的熏陶、渗透和升华，将其长期培育和积淀的传统作风和学术气息等转化为环境中人们共同的观念追求、价值标准、行为规范，从而不断作用于校园文化主体，影响着校园中每一个人的价值观、情感、信仰及人格的形成和发展。与此同时，校园文化作为一个大系统，本身就是一个多层次、多侧面的复合型结构。从构成要素来看，既有偏重于理性的，也有偏重于感性的；既有实用的，也有艺术的；既有动态的，也有静态的；既有观念性的，也有实践性的。这种构成要素的丰富性、多样性能够对大学生产生美育的协同性作用，多渠道、多角度地影响他们的审美心理，全面地提高其审美感受力、审美鉴赏力、审美创造力等，进而促使其知、情、意等多种心理功能协调发展，最终塑造出健全完美的人格。

（一）建设情意化的校园物质文化载体

校园物质文化是校园文化建设的"硬件"，优美的校园环境可以直接使学生受到美的感染。苏霍姆林斯基曾指出，学校的物质基础（环境等）是培养学生的观点、信念和良好习惯的有效手段。整洁、优雅、文明的校园物质文化在以美成人的学生人格养成过程中起到了氛围引导的作用，它会大大激发学生的求知欲和向上的生活态度，促使学生、教师积极进取，提高学生、教师的审美能力，对学生的行为具有一定的约束力和导向性。

校园物质文化包括校园建筑、教学设施、学生活动场所、校园绿化、馆藏图书等。首先，美观实用的校内建筑与景观建设。黑格尔曾说："在建筑艺术中就发生了重要的变化，精神的东西作为内存的意义而分割出来，并且获得了独立的表现，至于肉体的外壳则作为单纯的建筑的环绕物而放在精神的东西的周围。"建筑本身就是一门艺术，其特点在于能够在满足使用要求的基础之上，通过其巨大的空间形象，表现出特定时代和民族精神的风貌、思想情感和审美趣味。其次，教学手段和科研条件建设。随着科技的飞速发展，教学手段和科研条件也在不断地发生变革，传统的教学方式和科研方法已对先进生产力迅猛发展时代的教学科研形成了制约和局限，教学手段和科研条件建设在学生的教育培养中尤显其关键作用和主导地位。最后，学校通过校园网、电子图书馆、多媒体教室等数字化教学环境的建设，可以为广大教师和学生使用信息技术创造条件。此外，语言传播媒介在校园文化传播中大量运用，建设广播、电视、网络、报纸、杂志、橱窗、板报、明信片、贺卡、信封等校园文化传播媒介，也利于校园精神文化的传播、师生的交流及学生之间的互通。

校园物质文化要想在学生人格养成的过程中发挥更加有效的作用，就要充分体现其情意化的特征。情感是主体对客体现实的一种特殊反映形式，是人对于客观事物是否符合人的需要而产生的态度和体验。因此，客观现实是情感产生的源泉。校园物质文化是校园里的人的情感和精神生活的创造性表现，任何人文景观都包含着特定的情感和思想信息。优雅的校园建筑与设施只有寓情于物、寓情于景，才能使人触景生情，随时随地受到美的感染。在大学校园物质文化设计中，引导学生通过感受人文景观的经典艺术作品，体验作品所蕴含的丰富情感和思想，对于丰富学生的精神世界、净化心灵、陶冶情操、培养积极乐观的生活态度等具有突出的作用。

（二）建设体验式的校园精神文化载体

高校教育除了知识的传播，极具特色的就是精神文化建设。校园精神文化是"隐性课程"，从育人方式上讲，它不像课堂教学那样有完整的教学计划和授课计划，也没有精确的分数可以评定优劣。它是一种精神，一种弥漫于校园内部各个角落的颇具个性与特色的氛围。美的校园精神文化能够使学生主动接受熏陶，并在不知不觉中受到同化、影响和塑造，进而帮助大学生建立正确的世界观、人生观和价值观，使他们能够以正确的方法去认识世界、观察社会、思考人生和探索未来。校园精神文化与美育的这种互动关系对提高大学生的思想道德、文化科学、职业素质和身心健康、人格素养等具有十分重要的作用。

校园文化活动是校园精神文化建设的有效载体，将强烈的文化色彩、生硬的道德要求、精神品质融于各种活动之中，是校园精神文化的主要表现形式。活动具有很大的自发性和群众性，使学生在积极参与的过程中获得知识和情感体验，如果学生不通过课内课外的精神文化活动来自觉消化、印证、体悟、表达、实践课堂教育的取向，这种内化的结局可能是不完全的。因此，校园精神文化活动要想充分发挥其在学生人格养成过程中的催化作用，就要注重其体验性，让学生在体验中促进健康人格养成的自我修炼与自我实践。体验是一种发现、一种投入，在心理学的视野中，体验是指被自然和艺术所感动，乃至入迷，把全身心都沉浸进去的心理过程，是注入全人格的深刻的经验。体验是主体亲历、体认、品位与验证的过程，它消融了学生知、情、意、行的良性互动过程，对学生人格品德形成有着不可替代的作用。

在具体实施层面，一方面，要丰富校园文化活动，校园文化活动的建设是审美文化的重要组成部分，更是课堂教学之余的重要补充及实施美育的最重要手段和方法，学校应多组织开展文学艺术讲座和报告、文化艺术节等艺术活动，丰富学生的艺术文化生活，使学生有机会参与到更多的艺术鉴赏活动中。另一方面，要丰富审美实践活动，审美实践活动使学生进入一个属于个人的审美世界，并能够从中获得巨大的审美愉悦和享受，不进行具体的审美实践活动，美是无法获得的。高校丰富的校园文化生活及相关的社会资源是学生进行审美实践的重要载体。高校的许多校园文化活动都具备形式新颖、内容丰富、格调高雅等特点，蕴含着丰富的美的因素，是很好的美育载体。社会上的博物馆、艺术中心、旅游景点同样是美育的重要资源。学校要多渠道、多途径地了解校园文化活动及社会的美育资源，并时刻关注其最新动态，在此基础上，有意识、有目的地鼓励和指导学生利用课余时间，参加校园内形式多样的创造展、文艺演出等校园活动，鼓励他们对社会美、自然美和艺术美进行多方面、多层次的欣赏和实践，不断丰富经验，提高审美能力。

（三）建设人性化的校园制度文化载体

校园制度文化主要包括学校的管理制度、措施及行为规范等，具有精确性、权威性、稳定性和导向性的特点。校园制度文化对塑造学生健康人格的导向作用主要表现在以下几个方面。第一，制度文化规范学生健康人格的发展方向。众所周知，青少年正处于人格的形成与发展阶段，而此时青少年的人格具有极大的可塑性，很容易受一些不良的文化及行为方式的影响和误导。而校园制度文化具有一定的权威性，即校园制度一经执行就必须做到坚决彻底，校园中任何人都不得违背。这种权威性在很大程度上为校园活动提供了基本的框架，遏制了一些不良的思想、行为倾向的产生，保障了学生的思想行为朝学校、社会、家庭所期望的方向发展，进而引导和规范了学生的人格发展方向。第二，制度文化建设对学生正确的价值观的培养及判断是非标准能力的提高起到重要的推动作用。正确的价值观和独立准确地判断是非的能力是学生健康人格的应有之义。学校的制度文化是整个社会的政治、经济、法律、道德等一系列制度文化的微缩，它是学生进行价值判断的重要尺度，而这种完善的合理的制度体系为学生所内化，即可形成社会所公认的价值体系。

校园制度文化是学校文化传统的历史积淀，一旦形成，就具有相对的稳定性。它作为在校师生所应遵循的共同行为准则，有着具体的规范性和约束力。改革开放以来，我国高校管理制度中一些不利于培养现代化建设人才的内容已经做了卓有成效的改革，现在执行的一些规章制度有适应教育新发展、新要求的一面，但也存在一些亟待进一步修订的陈规旧律，以及生硬死板的管理制度与方法。教育教学制度的模式化和管理制度的僵硬化，不适应青年学生富有朝气和思维活跃的特点，抑制了个性的张扬和想象力、创造力的发挥，培养出来的是一批具有同样的知识结构，同样的思维方式，缺乏鲜明个性、循规蹈矩的、没有创造力的人。长期处于消极抑制的状态，逐渐失去独立学习和思维的能力，从不能选择变为不会选择，从不敢质疑变为不会质疑，缺少想象力、创造力，个性特点逐渐褪色，人格中的个性特点被模式化。因此，必须彻底转变旧的教育观念和办学理念，树立起"以人为本"的基本教育思想，使人的本质特性得到完善和张扬，人的身心、智力、敏感性、审美意识、个人责任感、精神价值等方面都得到升华，进而获得全面发展。

综上所述，高校校园文化体系的建构要遵循美的规律，充分体现审美理想。校园建筑的布局、造型、风格，以及校园环境的美化、绿化在不忽视其实用功能的同时，以可感的宜人形式给学生以直观的美感，发挥其娱悦身心、陶冶情操、净化心灵、激励向上的作用；高校的管理者和教师通过示范、引导、启发等方法，对学生动之以情、展之以美，为学生营造出宽松自由的教育氛围；用科学的管理手段和巨大的情感力量去影响和教育学生，促进其人格的健全和个性的充分发展。

三、特殊载体：教师的言传身教

特殊载体是指在美育的过程中对学生的人格形成、完善起到特殊作用的教育载体。教师的言传身教是指拥有健康人格的教师，以其真才实学、真情实感和真知灼见等为学生所认可和赞同的思想、道德、意志等内在品质，对学生产生的一种具有同化和影响作用的巨大吸引力，是教师的才、情、智、气质、能力、品质、语言等各方面感染力的综合，是教师内在品质的外在表现。教师的言传身教对学生的人格培养起着至关重要的作用，是以美成人的学生人格养成的特殊载体。

（一）良好的性格特征

性格是人格中的核心要素，是表现在人对现实的态度和行为方式的比较稳定的独特的心理特征的总和。性格类型是指在一类人身上所共有的性格特征的独特结合，一般从内倾—外倾和稳定—不稳定两个维度来进行划分。如主动、善交际、开朗等属于外倾性格，相反，孤僻、沉思等属于内倾性格；镇静、可信赖等属于稳定情绪，而心情易变、焦虑、易激动等属于不稳定情绪。通常，不同性格类型的教师在教育过程中要注意结合自身的性格特点，例如，外倾型的教师宜采用说服教育法和实际锻炼法，内倾型的教师更宜采用榜样示范法和情感陶冶法。总体上来说，作为教师，其职业的特点往往要求教师具备稳定的情绪、热爱学生、勤于学习、亲切待人、诚实公正等性格品质。教师要在政治思想、个人品德、价值观念、行为习惯等方面，为学生树立榜样，知行统一。只有教师以身作则，为人师表，学生才会有法可效。在具体的教育实践中，教师要做到有良好的政治素养，能够坚持正确的政治方向，能够在社会发展的关键时期在学生的培养中起到为学生导航的作用，能够具有较强的政治鉴别力和敏锐性；为人正直、正派，具有正确的世界观、人生观和价值观，能够用自己的浩然正气来影响学生、感召学生。

（二）和谐融洽的师生关系和较强的协调能力

和谐融洽的师生关系在教学过程中发挥着特殊、奇妙的作用，有利于教师对教育教学的开展。它像一根彩带拉近了师生心灵的距离，使学生的学习动机由单纯的认知需要上升为情感需要，使教师的工作动机由职业需要上升为职责需要。因而，教师要以爱为本，对学生多一点尊重和信任，爱心是和谐师生关系的基础，尊重和信任是沟通师生情感的桥梁。教师还要发扬民主，注重学生个性，多一点欣赏学生的眼光。此外，建立良好、融洽、和谐的师生关系也需要教师具有较强的协调和管理能力。具备良好师生关系和较强的协调能力的教师，在教育教学活动中表现为愿意与学生多交往、多沟通，与学生相处多表现出真诚、尊重和信任的积极态度，能够得到学生的尊重、认可和接纳，有利于学生形成健康的人格。和谐融洽的师生关系能够使学生和教师之间交流信息、联络感情、互相激励，从而形成合力。因此，教师不仅要成为传授知识及技能的"名师"，更要与学生成为朋友，加强学术及感情交流，在治学、交际、待人处事等方面影响及引导学生。学校的管理人员也要树立育人意识，加强服务意识，充分尊重学生，加强沟通和了解，全方位构建校园和谐的人际关系，使学生在人际交往中充分体验美、感受美，营造学校朝气蓬勃奋发向上的良好氛围，促进大学生身心健康成长。

（三）良好的自我调控系统

自我调控系统是教师完美人格中不可或缺的部分，它表现在积极正确的自我认识和对他人的认识、良好情感及其调控能力和坚韧不拔的意志力三个方面。拥有正确自我认识的教师，能恰当地评价、接受自己和他人，能掌握自己的命运；有同情心、有热情及其他良好情感的教师往往有良好的师生关系，他们在教育教学实践中，能够热情、真诚地对待学生，能够激发学生的创造精神；具备良好的情绪调控能力的教师不仅能够及时合理地排解自己的消极情绪，也能掌握和控制学生的情绪、情感，为成功的教育创造健康的环境；有坚韧不拔的意志力的教师能够在烦琐的工作面前不退缩，也能够理智地保持对学生耐心、和谐的态度，并为学生树立良好的意志品质榜样。

此外，良好的创新意识、实践能力及不断学习的能力，也是教师以人格魅力为进行言传身教的保障。作为培养社会主义建设者和接班人的教师，应当具有创新意识，要在教学实践中不断改革教学方法，主动研究学生特点，启发学生思维，创造性地完成教学任务。同时，作为人才培养者的教师，要勇于接受新观念、新知识，主动向他人甚至是学生学习，不断充实提高自己，使自己具有广博的知识，用自身的学识来吸引学生。

从上述的分析不难看出，教师的言传身教在教育教学过程和实践当中，对学生产生了一种特殊的潜在的影响，是学生既"无形"又"有形"的榜样。因此，教师的言传身教是大学生美育与人格素质教育的特殊的载体。

第三章 高校特色美育的文化形态生成

第一节 高校学生美育工作的育人属性

一、高校学生美育工作的文化育人属性

（一）呈现新时代高校学生美育工作文化属性

文化育人是通过优秀文化的传承、交流和创新，深刻改造人的精神世界，促进个体树立顺应历史和社会发展潮流的正确世界观、人生观、价值观的过程。文化是一个国家和民族的灵魂，是一种独特的精神标识，其强大的精神力量赋予人们最深沉而持久的成长动力。文化育人通过增强文化自信，激发文化自强，推动个体在思考生命本源和肩负文化担当的时代大潮中与时俱进、追求卓越。

高校美育是大学教育中不可替代的重要组成部分，是民族历史与优秀文化传统的表现形式之一。新时代高校学生美育工作需要融入中华文化传统，对美育进行加强和重视，透过传统文化寻找美育的真正内涵与意义。

新时代高校学生美育工作的内涵富有鲜明的文化属性，始终指向人的精神归旨。它的强大感召力和吸引力具有特殊的教育人、引导人的功能。将美育与文化传承与创新有机融合，通过提升文化认同感和自豪感来引导学生自觉净化心灵，修炼完美人格，启迪知识智慧，激发理性思辨，对于增强思想政治教育的实效性、培养担当重任的时代新人具有重要的时代意义及实践价值。

高校美育在大学文化的滋养与涵育下获得责任和动力，以贴近生活的形式传承大学的精神文脉和高尚情怀，充分体现出文化对大学生人生价值的本真关怀，并承担起"举精神之旗、立精神支柱、建精神家园"的历史使命。随着现代社会文明程度的加深，多元价值观念影响广泛，美育在大学生拓展思维、健全人格过程中具有的独特作用日益彰显。它集艺术教育、道德教育、素质教育、文化教育于一体，为大学生端正人生方位、砥砺道德品行、健全个性心智、追求全面发展注入了源头活水。全面理解和把握美育的角色定位和作用机理，对于立足大学文化本源，系统推进高校育人改革具有重要意义。

（二）实现新时代高校学生美育工作的目标

高校美育立足高校文化的人文基因和深厚底蕴，在人文与艺术教育中深入实施中华优秀传统文化、革命文化、社会主义先进文化教育；让广大学生了解中华文化变迁，触摸革命文化脉络，汲取先进文化艺术的精髓；引导他们保持高度文化自信，成为优秀传统文化的继承者、弘扬者和新时代文化的创造者、贡献者。博大精深的中华文明和薪火相传的血脉是高校美育的强大价值支撑和不竭精神源泉，引领着广大高校学子积极保持自由活泼的生命底色，自觉提高精神气度和文化气质，努力升华人生格局和思想境界，成为具有中国特质和底蕴的社会主义事业建设者和接班人。由此可见，推进文化育人是新时代高校学生美育工作的目标。

新时代高校学生美育工作是高校文化育人的重要载体。一方面，其能在工作内容上通过形象的感染和情感的激发，引导学生自觉净化心灵，提高审美情趣；另一方面，其能在工作方法上通过文化的感召和真理的引领，促使学生积极修炼完美人格，创造科学之美。因此，高校需要将美育精神融入大学生日常生活，使大学生在日常生活中能辨别美、运用美与创造美；要以美育人和以文化人，促使大学生对中华文化传统有新的认识与理解，使其能自觉感知和传承文化的内涵，提高大学生的文化自信。

在开展美育活动的过程中，应将中华文化传统与美育文化融会贯通，促进大学生知识的获得与能力的提升。各种美育活动要真正体现美育精神与美育内涵，做好充足的准备与安排，防止活动的世俗化与庸俗化。在活动形式上，可组织开展各类中华优秀传统文化的展示活动，利用图片和视频让大学生对传统书画、医药、饮食、服饰与建筑等产生直观的感受与理解，从中获得关于历史典故与史迹的知识，从而使文化遗产得到传承、民族智慧得到传播。也可以组织开展各种传统节日与名家讲坛，让经典走进新时代美育旋律。通过高雅艺术进校的形式让大学生沉浸于感受优秀传统文化中，提升大学生对校园文化和传统文化的品位，激发其对"传统之美"的感知、欣赏力，以及向心力和凝聚力。通过各类展演活动使大学生在美育环境下受到熏陶和感染。高校要坚持集思想、艺术于一体，坚持以人文精神与道德规范为引领，透过传统文化展现思想观念与审美素养，使大学生获得全身心的情感认同和行为认知。

二、高校学生美育工作的思政教育属性

（一）推进大学生思想政治教育，筑牢新时代高校学生美育工作基础

高校思想政治教育就是要坚持用习近平新时代中国特色社会主义思想教育广大师生，把立德树人作为中心环节，把思想政治工作贯穿教育教学全过程、各方面，着力培养身心健康、具有家国情怀、对社会有积极作用的人。美育则是通过对各种自然美、社会美和艺术美的感受与鉴赏，培养大学生认识美、欣赏美和创造美的激情与能力，帮助大学生树立正确的世界观、人生观、价值观，以及美丑观和善恶观，促进大学生提高素质、全面发展。因此，思想政治教育是开展新时代高校美育工作的前提基础和重要保障。

1. 二者具有目标的一致性

思想政治教育和美育在目标上具有一致性的特点，二者都是高校教育体系的重要内容，都是为了帮助大学生树立正确的世界观、人生观、价值观，并在大学生的思想、学习、生活等方面施以影响，陶冶他们良好的情操，且都统一于立德树人这一根本任务。

思想政治教育的目标是党的根本目标决定的。高校思想政治教育旨在提高大学生认识世界和改造世界的能力，促进大学生的全面发展和健康成长，学会全面地、辩证地看问题，使自己懂得社会发展规律和趋势，培养团结协作、创新的

思想意识，从而自觉抵制各种错误思想的侵蚀，克服由于思想意识淡漠、政治立场不坚定和偏激的处事方法所带来的对现实的不满情绪，从而避免对国家、社会、个人三者利益的错误认识。美育则是在一定的美学理论的指导下，通过对自然美、社会美、艺术美等丰富多彩的实践，培养提高大学生的审美感受力和审美创造力，进而提高对社会上各种现象的辨别能力，引导、帮助大学生树立正确的审美观，完善积极健康的审美心理结构，陶冶情操、净化心灵，促进大学生的全面发展。

2. 二者具有内容的相融性

美育与思想政治教育都是高校育人体系的重要内容。美育侧重于感性教育，而思想政治教育侧重于理性教育，虽然二者的侧重点不同，但在内容上相互交融。高校美育的教育内容是以中国特色社会主义建设、时代的发展和高校人才培养的总体目标为依据，以大学生人格的培养为旨归，着重对大学生的审美认知和审美实践进行教育。而高校思想政治教育的内容则是根据社会要求，针对当下大学生的实际情况，有目的地传递带有价值引导性的思想政治信息。高校思想政治教育应当培养全面发展并能够服务于社会发展的时代新人，包括政治教育、道德教育、心理健康教育等。

美育是素质教育的重要组成部分。新时代高校学生美育工作是通过对美学理论的学习以及对各种自然美、社会美和艺术美的实践，来培养大学生感受、鉴赏、展示和创造美的能力，树立正确的审美观和崇高的审美理想，提高学生的综合素质，促进学生的全面发展的。德国哲学家席勒在他的《审美教育书简》指出："人必须通过审美状态才能由单纯的感性状态达至理性和道德的状态。审美是人达到精神解放和完善人性的先决条件。""正是通过美，人们才可以走向自由。"可以看出，席勒充分肯定审美教育对完善人格的积极意义，肯定审美教育对解决社会问题、改造社会的重要价值。对社会如此，对个人同样如此。美育能完善人性，具体而言，就是通过美的教育引导人树立正确的世界观、人生观、价值观。这与高校大学生思想政治教育的基本内容是一致的。

3. 二者具有优势的互补性

进入新时代，我们要发掘高校学生美育工作与思想政治教育的优势，相互借鉴、相互融合、取长补短。

一是新时代高校学生美育工作应具有情感性的特点，在思想政治教育中起到"润物细无声"的作用。传统的思想政治教育主要依靠理性教育，强调理论的学习和道德的规范，习惯于说教和灌输，这就使我们的教育缺乏情感的交流，难以深入人心，甚至会引起学生的抵触和反感。梁启超在《中国韵文里头所表现的情感》演讲中说："天下最神圣的莫过于情感：用理解来引导人，顶多能叫人知道哪件事应该做，哪件事怎样做，却是被引导的人到底去做不去做，没有什么关系；有时所知的越多，所做的反倒越少。用情感来激发人，好像磁力吸铁一样，有多大分量的磁，便吸引多大分量的铁，丝毫容不得躲闪。"也就是说，情感操纵着人的心灵，对接受外来的教育起到过滤和催化的作用。

二是美育的形象性特点，在思想政治教育中能起到潜移默化的作用。俄国哲学家车尔尼雪夫斯基在《生活与美学》一书中说："形象在美的领域中占着统治地位。"也就是说，在美的感受和鉴赏中，人们可以运用联想和想象，在不知不觉中领悟美的真谛和其中蕴含的教育的意义。如果将美育融入思想政治教育，寓教于形，用形象化的特点来表达思想政治教育的内容就能极大地增强教育的吸引力和感染力。通过挖掘社会美、自然美和艺术美中鲜活的事例，做到既有理性的内容，又有感性的形式，"晓之以理，动之以情"，将美融入枯燥的理论宣讲中，使受教育者在轻松、活泼、诗意的氛围中受到感染，达到思想政治教育的目的。

三是美育的愉悦性特点，在思想政治教育中要更多融入美的元素，"寓教于乐"，使广大学生在情感上愉悦地接受，把思想政治教育的内容转化为学生个人内在意识和外在行动，在富有趣味的文化活动中受到教育。梁启超在《论小说与群治之关系》中提出："如入云烟中而为其所烘，如近墨朱处而为其所染。"因此，"寓教于乐"是开展高校思想政治教育工作的重要方法和必要补充。

（二）深化新时代高校学生美育工作的价值内涵

高校美育受大学校园这片土壤的滋养，既受到人文艺术专业及相关学科内在育人品性和丰富知识体系的支撑与涵育，亦得益于大学精神文化、办学特色等思想性内涵要素的引领和推动。作为"五育"人才培养目标之一，美育实施联动高校立德树人、铸魂育人的实践，必然以习近平新时代中国特色社会主义思想为根本遵循，恪守思想政治教育的基本规律和发展方向，提升大学生审美素养，增进其思想文化共识，引导他们始终如一地坚持中国特色社会主义理想信念。有序的思想道德规范和崇高的人生价值追求是高校美育的灵魂，与高校"培养担当民族复兴大任的时代新人"同向同行。由此可见，推进高校思想政治教育是新时代高校学生美育工作的价值内涵所系。

1. 从美育中启发学生的科学之"真"

美具有真实性、稳定性、持久性。美育实践活动，就是要让学生在思想上树立科学之"真"。对"真"的探索是古往今来的先哲们孜孜以求，也让美育的内容更加丰富多样。思想政治教育要让大学生认识到马克思主义基本原理的科学性，认同党和国家所提倡与矢志不渝推进实施的价值观念，让学生体认中国特色社会主义核心价值观的科学性。大学生进入大学之后的重要任务是学习知识与科学技术，而科学之中亦蕴含着特殊的美和真，让学生在对未知事物探索的好奇心驱使下收获了解新知后的喜悦，深入体会科学之中的形态、秩序、节奏、运动、逻辑等蕴含的美的韵味。新时代高校学生美育工作要通过特定的形式揭示科学之中所蕴藏的简约美、对称美、严谨美、逻辑美等，让学生在学习科学知识的同时，善于发现科学之美，将知识建构与审美之趣结合起来。

2. 从美育中引领学生的道德之"善"

思想道德与品格操守，是一个人言行、生活习惯的外在表现。优秀的道德素质将"道"与"德"合起来，其中，"道"是方向、是范畴，"德"是品德、是修养。道德教育，就是让学生明白善恶，懂得是非，具有辨识对错的认知能力。坚持立德树人育人目标，实际上就是用优秀的社会公德、职业道德、家庭美德、个人道德要求来规范和化育学生，让学生能够遵守道德规范，能够做到自我约束，以善念、善行来践行美德。以美育德，引德向善，培育学生坚定的理想信念、炽热的爱国情怀、高尚的品德修养、纯美的精神境界，并将之融为完整人格。中国美学强调会通万物的诗性思维，在诗意的心灵审美境界中，打"通"个体与世界之间的界限，通世界以为一。"通"使时代新人能够将自己与外在世界融为一体，并在伦理实践中自主建构"达"之境界。而"达"则意味着时代新人胸怀天下，具备优秀公民的大视野、大境界，并具备强烈的人类命运共同体意识及相应的实践能力。新时代高校学生美育工作要启迪学生由衷地向德、向善，让大学生能够从认识善、体验善、践行善中，获得优秀品德，肩负起实现中华民族伟大复兴的中国梦的光荣使命。

3. 从美育中落实学生的素质之"美"

美育具有开发学生潜能、促进学生现代化素质发展的作用。美育活动在增强大学生审美能力与建构优秀道德品格的同时，能够增强大学生基础性素质、专业性素质、创新性素质等多层次素质，促进大学生良好的心理健康素质、社会适应素质、协调发展素质等多维度素养。从美育中挖掘有利于促进学生良好素质素养养成的元素，将"审美认知教育—审美情感教育—审美实践教育"所构成的"知美—爱美—创造美"的审美教育内容体系与思想品德教育、通识教育、国防教育、人文教育、科技教育、体育、心理素质教育、专业素质教育等素质教育内容有机结合，有利于构建审美教育、通识教育、专业教育相融合的素质教育体系，让大学生在美育的进程中实现素质增值。

三、高校学生美育工作的课程育人属性

（一）推进美育课程教学拓展新时代高校学生美育工作主要渠道

课程育人是指教学机构依托课程开展的教育教学活动，是学校为实现一定教育目标而指导学生开展的有计划的学习安排。对于课程这个概念来说，沟通师生、跨越学科、承托教学、诠释理想是对其最恰如其分的评价，也是对其内涵最生动的诠释。作为人才培养的最基本方案，课程育人是一项系统工程，需要学校按照特定教育目标为学生设计教和学的计划，更需要通过合理的课程设置、编印专业的学科教材、组织科学的教学设计、开展严谨的教学管理，向学生传输相应的专业知识，实现其能力的增长和提升。

课程是相应的教育内容得以全面实施、教育目标得以全面实现的重要保证。德育、智育和体育都开设了相应的课程，并形成了相应的课程体系。同样，美育

也需要通过开设课程，形成合理的课程体系，才能保障美育较好的实施。美育可以通过多种途径实现。但作为教育活动的一部分，美育课程是实施美育最重要的途径，是对学生进行系统的审美教育的重要渠道。科学的美育课程体系是贯彻和实现高校美育目标的关键，很多高校的美育课程体系不完善是高校美育发展不平衡或未能真正发挥其作用的核心原因。美育课程建设是高校实施美育教学的关键环节，直接关系到人才培养质量。合理的美育课程既可促进学生完善美育知识结构；也为学生在树立正确审美观念，提升人文素养，发展形象思维，培养创新精神和实践能力，提高感受美、表现美、鉴赏美、创造美的能力提供了重要保障。

美育课程教学是新时代高校学生美育工作的主渠道，不仅要组织学生系统学习美学与美育相关的理论知识，而且要让他们掌握审美和人文艺术的相关活动技能，用它自身特有的方式来培育学生的良好性情、气质和趣味，提升人生品位和精神境界。与此同时，随着"学科德育""课程思政"概念的提出，相关专业课程中蕴含的育人资源亦能为立德树人提供重要支撑。这些课程中呈现的美育元素承载着强大思想政治教育功能，能够深入浅出地阐释美育哲理和标准，贴切地实现美育专业知识体系教育与思想政治教育有机统一，达到协同育人之目的。

（二）推进课程育人形成新时代高校学生美育工作方法

高校美育课程应以艺术教育课程为主线，结合不同专业人才培养特点和专业能力素质要求制订课程计划，实施各具特色的教学方法及考核方式，有效提升学生的人文素养和艺术实践能力。这是各专业人才培养方案的重要组成部分。

与体育和德育相同，健全的高校美育课程体系中也应当具备美育必修课程。然而，目前我国诸多高校并没有开设美育必修课程，甚至对美育的修习不作要求。高校美育课程大多以选修课的形式开设，课程类型包括鉴赏类、理论类、技艺类和史论类，其中以鉴赏类课程居多。学生大多是在不具备一定美学和艺术基础的情况下直接进行艺术的鉴赏，因而并不能达到鉴赏的真正效果。

因此，在进行高校美育鉴赏类、技艺类、理论类和史论类课程的学习之前，有必要掌握基础的美学和艺术的知识。美育必修课程也是高校美育基础性课程，为以后的美育课程学习打下了基础。此外，高校学生受时间和精力的限制，在高校学习期间大多只会选择 1 ~ 2 门美育课程，甚至有的学生不会修习美育课程；而学生在选择时也以兴趣为主，不会考虑几门课程之间的连贯性。为了使学生具备最基本的审美素质，确保每位高校学生都能拥有一定的审美体验，美育公共基础课程就显得尤为重要。在美育课程的构建与实施中，美育课程内容起到了重要的支撑作用。因此，课程内容的设置决定了学生获得的知识、能力、素质的方向。选择有时代性的、经典的和符合学生特点的美育内容，并对内容进行合理的组织，才能有效实现美育目标，促进学生审美素质的发展。

综上所述，高校美育课程应以审美和人文素养培养为核心、以创新能力培育为重点、以中华优秀传统文化传承发展和艺术经典教育为主要内容，探索构建网络化、数字化、智能化、线上线下相结合的课程教学模式，与相关专业课程有机融合，深度启迪学生的道德理想、成才抱负及创新意识，在推动"新文科""新理科""新工科""新医科"等人才培养改革中发挥积极作用。

四、高校学生美育工作的实践育人属性

（一）展现"以美育人、以文化人"的现实方式

实践育人是指在夯实理论基础上通过实践的开展和动手能力的培育，加速学生对课本知识的形象化记忆与内部转化，大幅提升学生学习成效和教师教学绩效，尤其是帮助学生加强解决实际问题的能力，使他们有机会得到自由、全面发展的过程。实践能有效解决知识内容和思维方式之间的转化问题，实现认知在内容与形式上的最终统一，从而有效解决个体理论辨识与行为内化的问题，确保个体在知行合一中步入追求真、善、美的人生成长新境界。

实践育人往往是创造美、表现美的过程。通过实践，受教育者可以掌握实践知识，其动手能力和水平也可以得到提高。同时，美也反作用于实践，美育会引导人关注什么是美、如何审美、怎样创造美，有助于人更多地掌握生产劳动规律，更好地讲文明、懂礼貌，更好地保持良好的生产、劳动秩序和生活环境。

学生美育工作以开放的姿态活跃于校园、融入社会，通过设计实践内容、搭建实践平台、完善项目管理、创新实践形式而提升学生艺术实践和服务能力，

教育引导他们在亲身体验和参与中扎根时代生活，丰富创造思维，陶冶高尚情操，树立家国情怀，追求和谐人生。这种贴近生活实际和个体发展需求的教育启发学生在思考中自主抉择和积极行动，不仅是提高学生审美素质的重要教学环节，也是以美育人、以文化人最真实、最生动的实现方式。

高校学生美育工作的实践包括课程、活动，也包括背后的机制搭建、资源配置调度等。美育实践活动是培养大学生优良品格不可或缺的方式，是大学生自我良好素质养成的重要途径。美育实践的目的在于对学生的审美加以影响，促进其对审美的表达与运用，从而实现大学生的全面发展。美育实践使学生攻克学习难关，在遇到挫折困难时能用一种良好的心态去面对，从而正确处理家庭关系、同学关系和社会关系。

高校美育实践是一种有目的、有计划对学生实施的审美教育活动。它重视学生实际参与活动的过程，增加学生审美实践过程中获得的经验，使大学生能将这些经验运用于实际生活中，能用审美的眼光看待生活，达到美育展现的目的。习近平总书记指出，要从以美育人的角度出发，在具体实践中抓住美育、展现美育、落实美育。就高校层面来讲，要肩负这样的责任，应彰显美育理论与学术水平。高校美育实践需要美育环境的熏陶，需要以发展美育的实际规律为向导，还需要具体的教育方针和决策，从而正确地引导高校开展美育，使学生发现美、欣赏美与理解美，获得感知美、体验美与收获美的机会，达到以美育人的目的。高校美育实践应充分发挥高校的引领作用，以服务决策导向，利用高校人才优势与学科优势打造高校美育综合研究场所，开展实践服务活动，借助学校艺术教育，推动学校美育发展。

（二）践行新时代高校学生美育工作路径

与实践育人一样，美育作为全人教育不可或缺的部分，一直以来受到党和国家的高度重视。美育作为学校培根铸魂的工作之一，对引导学生发现美、欣赏美、创造美有积极的作用。大学生美育与思想政治教育都是高校素质教育的重要内容。美育是社会主义全面发展德智体美教育的重要组成部分，没有美育的教育是不完全的。同时，美育和思想政治教育在内容上有着不可分割的联系，思想政治教育在内容上同美育体现了统一性。因此，高校在实践育人的过程中，将美育融入实践的各个环节，可发挥相得益彰、相互促进的作用。

1. 新时代高校学生美育工作是深化实践育人内涵的重要基础

实践育人是有机统一的教育体系结构，既包括更加重视实践教育的现代教育理念，也包括围绕这一教育理念而产生的多种活动形式和教育方式。美育是"德智体美劳""五育"并举的重要一环，已成为高校人才培养体系的有机组成部分，在人才培养过程中具有不可替代的作用。

2. 高校学生美育工作是创新实践育人形式的客观要求

党的十八大以来，党中央高度重视高校实践育人工作。实践育人是高校进行教育教学的重要途径，可以有效推动育人工作迈上新台阶。近年来，各高校在拓展实践平台、完善实践机制、扩大实践覆盖面以及开辟线上实践阵地等方面做了很多有益的尝试，取得了较好的效果，但是，作为实践主体的大学生的主观能动性还有进一步激发的空间。美育能够关注人的情感与体验，并具有转化性功能，在实践育人过程中融入审美活动等美育形式，通过启迪、鼓励和关怀等方式，能够激发大学生认知世界的兴趣和注意力，提高综合素养，从而改变思维方式。形象思维方式有助于锻炼人的观察力、想象力和创造力，为不断创新实践育人形式奠定良好的基础。

3. 高校学生美育工作是提升实践育人效能的有力保障

实践育人是高校培养有理想、有本领、有担当的时代新人的有力抓手。提升实践育人效能是一个复杂的系统工程，涉及实践育人工作理念的改进、过程管理的完善等多个方面，其根本目的在于提升大学生主体的满意度，使其更符合社会和大学生主体对实践育人本身的需求。大学生正处于道德孕穗、能力拔节和思想成熟的关键阶段。这就要求美育与实践教育相结合，既要劳其筋骨，也要丰盈其精神。美育可增强实践育人工作的情感基础，充分调动大学生主体的审美兴趣和愿望，引起内心的强烈共鸣，变被动接受为主动参与，使大学生在欣赏美和创造美的过程中增强认知、思考和判断能力，更好地控制情绪和思维，理性地分析问题、解决问题，更好地明辨是非、站稳立场。将实践教育内化成为一种内心需求，美育工作有效地增强实践育人的效力，巩固实践育人成果，达到事半功倍的效果。

第二节　当代高校美育与创造力的发展

一、美育对个体创造力发展的作用

培养大学生的创新能力，不仅需要专业知识和基本理论的学习，而且需要重视创新精神教育和创新能力培养，在创新能力的培养中还必须充分认识美育对培养大学生创造力的不可替代的重要作用。

（一）美育与创造力的联系

美育是通过审美活动有意识、有目的地提高人们的审美能力和审美情趣，培养崇高的审美理想的教育。美育的显著特点是以情感人，陶冶人的情感，促进人的智力，提高人的修养，使人全面健康地发展。

创造力是在对已有知识经验分析综合的基础上，进行想象，加工构思，以新的方式解决前人未曾解决的课题，其心理实质是思维与创造性想象的高级结合的产物。创造力的核心是创造性思维能力，它是在知识和经验的基础上有所发展的思维能力，表现为复杂的心理过程，是感知、想象、情感和理智诸心理功能要素的交融综合，是意识和无意识的统一。创造性思维的特点是，在它发生时，往往超越一般逻辑思维方式，以一种形象的、整体性和跳跃式的方式，直接而迅速地产生思维成果，这一点与审美教育有相同之处，也体现了美育和创造性思维能力的内在联系。

美育对创造力的发展具有直接的推动作用。在审美教育中，认识真善美，激发对真善美的追求。在审美活动中，拓展视野，获取知识，增长智慧。审美能力的发展，能有效地提高主体的观察力、理解力、想象力，因而能够增强和促进人的创造力。

智育给人以丰富多样的知识，培养人的认知能力、思维能力。智育为创造力的发展奠定了基础。美育以美益智，促进创造力的发展。美育与智育相互渗透、相互促进。美育能够强化感性认识，升华理性认识，促进个体认识发展，开发智力潜能；美育促进形象思维发展，审美的联想和想象，有助于思维的拓展和发散，使人更自由地进行创造活动。智力的发展则能够增加人的文化素养，增添审美情趣，加深审美感受，提升审美能力。美育和智育彼此渗透，互相促进。

（二）美育促进创造力发展

人的创造力由多种因素构成，主要包括直觉、创造性思维、创造性想象、灵感和美感等，而美育与这些因素的发展有着极其密切的关系。

1. 激发创新意识

人类对美的理解和追求，始终与对自然和社会的认识密切联系在一起。毕达哥拉斯学派把音乐和谐现象推广到整个宇宙中，认为宇宙的和谐有序产生于数的比例，并把数当作万物的本原。希腊美学家醉心关照宇宙的美，向宇宙做无限的追求。苏格拉底把美和效用相联系，提出美的事物是有效用的。从柏拉图的理论，到亚里士多德在事物本身中寻找美的根源，再到现代人对美的探索，无不见证着人们对美的认识和追求，是随着对自然和社会认识逐渐深化的，其本身就是一个不断探索和创新的过程。以美启真是美育的功能之一。以美启真就是通过审美教育，以感性、直观、领悟、灵感等非逻辑性的思维来启迪、引导而发现真理。大学生能够在审美活动中，提高文化素养，增强审美修养，在对真的认识过程中，极大地丰富感性认识，从而实现感性向理性的飞跃，获得对事物本质的认识。

2. 开发创新认知

（1）培养敏锐的感受力

所谓感受力，就是人对外界刺激的感觉能力。人的感受力不是固定不变的，它能因生活和实践的要求不同而有很大的提高或降低。敏锐的感受力可以通过审美实践活动不断提高，因为审美对象是广泛存在的，审美活动要求审美主体对美的事物要有敏感性，审美感受力的不断提高，是审美能力发展的表现。而对事物有着敏锐的感受力，是培养创造力的重要因素之一。科学发展的历史证明，具有创造性思维能力的人都是一个敏感体，无论是树上苹果给牛顿的灵感，还是水壶烧开水给瓦特的启示，都能看到对常人来说司空见惯的事物，对于有着敏锐感受力的人来说，却可能是一个新思路、新发现或新发明诞生的催化剂。审美教育能极大地促进大学生对美的事物的敏锐感受力，进而提高个体对周围一切刺激物的敏锐感受力，激发灵感，发展创造力。

（2）增进丰富的想象力

想象是人对头脑中已有的表象进行加工改造，创造出新形象的过程。想象不是凭空产生的，它是以过去感知过的现实中存在的事物的形象为原料加工改造成的新形象。可见，头脑中已有的表象对想象力的发展有至关重要的作用。而审美活动对象就是各种自然和社会事物，其特点就是形象性。审美教育可以极大地丰富大学生头脑中的形象，为丰富想象力储备大量的表象材料。同时，审美活动本身就离不开想象，如对文学艺术作品的欣赏，没有想象，审美活动就无法进行。想象力往往是产生创造性思维的一个触点。

（3）发展形象的思维力

按照思维要解决问题的内容，可以把思维分为动作思维、抽象思维和形象思维。抽象思维是运用概念进行判断、推理的思维活动，它是借助词语、符号来思维的。科学上多用抽象思维的方式认识世界。形象思维是借助形象进行思维的。艺术上多用形象思维的方式认识世界。审美离不开具体的审美对象，它更多地运用形象思维，因而美育在促进形象思维发展中，有着极为重要的作用。形象思维以具体性和多样性见长，且更具创造性。

3. 发展创新品格

美育通过一个个富有个性的、包孕着创新精神的审美对象，在教育人、感染人的同时，也在培育着人的创新品格。因为只有不落窠臼、富有创造性的东西，才更有审美价值。艺术与创新总是密不可分的，艺术欣赏与想象和联想总是离不开的。创新是艺术的品格，美育重要功能之一，就在于培养人创新的品格。审美教育促进大学生个性发展，主要在于意志自由的选择和观念表达的多样，不断活跃着他们视角、思维、理想，孕育着发现、发明的情感冲动，潜移默化地塑造着创新的品格。审美教育在培养大学生对美的追求和对真的探索中，可以提升生活情趣，提高道德水准，进而加深对人类发展的根本问题的认识，内化为对人类命运关注的情怀，从而激发发明创造的热情，积聚持久而坚忍的意志，把握好用聪明才智造福人类的正确方向。

二、美育对创造性思维发展的作用

美育在促进个体审美能力发展的同时，也在促进着创造性思维的发展。如果说德育偏重于伦理，智育偏重于认识，体育偏重于身体，那么美育则为创造性思维的发展提供了广阔的空间。

（一）美育教育的核心是培养人的创造性思维

我们在读小说或看电影、戏剧时，都是随着既定的内容发展变化而去思考的，而最后的结果也是由其过程所决定的，即以被动思维为主。我们在"读"音乐时，如交响乐欣赏或无标题音乐欣赏，在这个过程中，"读"者没有完全受到过程的制约，特别是对结果的定论，完全可以由"读"者的想象来给一个答案。

现在我们的学生在接受教育方面很大程度上都是定式教育，当然，这也是一些学科的属性决定了的，如数、理、化等。但是，以对人的培养角度来说，这是有所欠缺的。我们的教育理念还应该对学生更重要的另一方面给予补养，即美育式的创造性思维培养。达到人的思维平衡发展，这样培养出来的人，才是符合社会发展需要的比较全面的人才（道德教育、理想教育、自立教育、合作互助教育等均在其中）。

我们通过听觉得到的完整信息，都可以用形象思维来处理，其结果（答案）可以是迥然各异的。而通过视觉得到的信息，其结果基本上是一致的。

大型音乐作品欣赏，其在体裁上像一部戏剧、一部电影或一部小说，有故事情节，当然，音乐的"故事"不像语言文字那样，反映很具体。音乐是抽象的，需要形象思维（主动思维），听者可以根据自己所接收到的音乐信息，充分发挥自己的想象，特别对于无标题音乐，想象的内容可以是零碎的。但有一点必须清楚，要有基本的音乐之耳，快乐不能理解为悲伤，反之亦然。快乐或悲伤可以是各式各样的。例如，10个人看同一部小说，你问他们内容和结果，回答大体相当（这种思维是没有得到创新锻炼的）。而同样10个人听同一部音乐作品，其回答的内容和结果绝对没有都相同的（原因是他们已在发挥不受约束的创造性思维），这就是音乐的主要功能，即可以培养人的独立思维和创造性思维。例如，一段描写雷雨的交响音乐，作品运用绚丽的配器、富有生气的音乐形象，极不协调的和弦，以及高亢威力的铜管声部，加上弦乐和木管声部的半音阶快速演奏，使风、电、雷、雨的描写达到了逼真的效果。有的人听后感觉是在描写风雨大作、雷电交加的险恶情景；也有人听后感到是在某农村持续的干旱后，农民兄弟所期盼已久的雷风"上帝"终于来到了凡间大地的喜悦情景。同样一段音乐，有的感到险恶临近，有的感到喜悦到来（这就是主动思维、形象思维、创造性思维，当然，听者的不同经历和修养程度会导致这种不同结果）。

创造性思维的体现的是形象思维（形象思维本身就是创造），它一般不脱离具体形象，而只是舍弃那些纯粹偶然的、次要的、表面的东西。其与逻辑思维不是相互排斥的，而是相辅相成的。听者的思维是在平时通过对现实生活进行深入观察、体验、分析、研究之后，通过想象、联想、幻想，伴随着强烈的感情和鲜明的态度，运用集中概括的方法，创造出完整而富有意义的结果——艺术形象，以表达自己的思维观点。

当然，这种创造性思维的培养有它的科学性，即由易到难、由浅入深，循序渐进，手法丰富多彩，类型各异。我们不提倡学生死记硬背，建议到图书馆、书店自己找参考书，养成独立思考的研究习惯。要多设置实践课、讨论课（学生随意发言，发表见解，轮流叙述他们自己的见解，使人人都有参与的机会和主动思维的机会）。

在思维方面，不同年龄、不同学段的学生创造性思维类型也有所不同。教师要爱护学生处于萌芽期的思维内容，并善于引导，将学生不完整性的思维游离引导到理性的自觉平台上。在唤起学生的创造性思维的工作中，教师要把自己放到与学生平等的位置上，营造民主气氛，这样可以帮助学生进行心理放松。在轻松的环境下欣赏音乐，就连少数缺乏自信心的、有自卑感的同学，也会被激发思维的积极性。

（二）美育可以发展思维的功能

1. 美育发展思维敏锐性的功能

敏锐性是创造性思维的第一个品质。具有思维敏锐性的人，善于捕捉那些微不足道、转瞬即逝的现象或特征，善于在别人司空见惯、习以为常的地方发现问题。牛顿从苹果落地的现象中发现了万有引力定律，瓦特从水蒸气冲动壶盖的现象中发明了蒸汽机。

美育具有发展思维敏锐性的功能。从认识角度而言，审美感知不是一种机械的复制，而是一种主动的反映，过去的经验在内心积淀种种"图式"，某些特定的期望决定选择那些"图式"。这种"期望"和"图式"总是自觉或不自觉地支配着人的知觉活动，使人的知觉选择某种事物的一个方面或几个方面，而抑制和舍弃它的另外一些方面；使某些方面突出、鲜明、生动、活泼，而使另外一些方面模糊、沉寂或消失。与普通知觉相比，审美知觉不是和功利目的联系在一起，而是和美的形式联系在一起。这种对美的形式的敏锐性，在艺术美的创造中尤为明显。一个优秀的艺术家往往能捕捉到那些最激动人心的瞬间和最具代表性的素材，塑造出独具特色的艺术形象。倘若审美感知能力迟钝，没有"音乐感的耳朵"，没有"感受形式美的眼睛"，再美的音乐和图画，也毫无意义。固然，人的审美感知与人的修养、禀赋、才华、气质等密切相关，但对审美感知能力影响最大的却是后天的审美活动。马克思指出，"艺术对象创造出懂得艺术和能够欣赏美的大众——任何其他产品也都是这样。因此，生产不仅为主体生产对象，而且为对象生产主体"。这就是说，经常接触艺术，受到美的熏陶和感染，不但能提高人的审美感知能力，而且对于发展思维的敏锐性有着不可低估的意义。

2. 美育发展思维灵活性的功能

灵活性是创造性思维的一个重要特征。它主要体现在人能摆脱思维定式的消极影响，从新的角度去考察研究对象，并根据观察和实验结果的变化，及时修正自己错误的观点和假说，使思路能够不断服从变化着的客观现实。被恩格斯誉为"近代化学之父"的道尔顿，克服当时化学家解释混合物和化合物区别的亲和理论的思维定式，从大气物理的角度进行考察，澄清了许多化学家迷惑不解的混合物均匀问题，提出了元素化合的倍比定律和"化学原子论"。许多科学实践证明，越是解决突破性、前瞻性的问题，越需要思维具有高度的灵活性。思维的灵活性源于信息、材料、经验、表象的广阔性。在审美活动中，由于想象活动的参与，使思维的灵活性和广阔性得到了空前提高。想象借助黏合、夸张、变形、浓缩、抽象等多种方法，对感知材料进行充实、丰富、抑制或削弱，从而创造出大量的审美意象。例如，埃及的狮身人面兽、传说中的美人鱼、神话中的九头鸟、宗教中的千手佛等，都是在艺术想象基础上进行再加工的结果。可见，想象为现实生活中不存在的意象及其建构，开辟了无限的空间。在想象中，一切事物的界限都显得模糊而沉寂，生活经验、逻辑规律、时空限制、物种区别等都不复存在；幻想与现实、历史与未来、现象与特征、本质与规律、假说与理念等都融为一体，从而使个体的创造性思维获得了无限的灵活性和广阔性。

3. 美育发展思维整体性的功能

思维的整体性是指全面占有外来信息，从整体上综合地揭示研究对象的本质和规律。我国杰出的科学家竺可桢，从青年时期到逝世前一天，几十年如一日，每天观测气温、气压、风向和湿度等气候要素和物候变化。在别人眼里，这些观测到的数据，可能是孤立的、零散的、杂乱无章的。而竺可桢的光辉创造，就在于他从维护自然界的规律性出发，整体地把握了他观测到的全部数据和收集的资料，写出了内容丰富的《物候学》和《中国近五千年来气候变迁的初步研究》等重要著作。

美育具有发展思维整体性的功能。因为审美就是从整体上把握现实。在审美过程中，审美感官的感觉不是孤立的，感觉与感觉之间存在着联系，并且迅速过渡为知觉，形成对于事物的不同的特征——形状、色彩、光线、空间、张力等要素的完整形象的整体性把握。这种知觉整体虽然是由各个要素构成的，但绝不是要素之和，而是一种全新的整体。客体本身并非就是"整体""完形"，这个整体是主体知觉构建的结果。主体知觉首先感知到对象的整体，然后才关注整体中各个要素、部分。例如，观赏风景，欣赏者并不只是看一棵树、一块石、一条溪流，而是由山林石泉所构成的完整的画面。欣赏文学作品，并非认识若干词语和句子，而是通过语言描绘在脑海里形成想象的完整形象。听一首曲子，也不是孤立地感知一个个音符，而是感知它的整体结构，即旋律及其组成的音乐形象。由此可见，审美即对事物的整体把握。通过审美教育发展审美能力，很重要的一点就是增强个体从整体上把握事物的能力。这种能力在构造上与思维的整体性有一定的同构关系。在审美过程中，知觉与想象具有运用完形组织原则处理感觉材料，对知觉对象进行综合、叠加、黏合、变形、补充和夸张，形成新的审美意象的能力。因此，以培养审美能力为主要任务的美育应当包含发展思维整体性的功能。

4. 美育发展思维独特性的功能

独特性是创造性思维的本质特征，它主要体现在对思维成果准确、有效的揭示上和新观点、新理论、新模型、新图式的构建上。哥白尼的"日心说"、爱因斯坦的"相对论"、魏格纳的"大陆漂移学说"等，都是运用思维的独特性，进行重新建构的结果。

作为艺术教育的美育，充分鼓励思维的独特性。因为，艺术就是创造，艺术美的主要特征是独创新颖，不可重复。例如，同一个描写田园风光的题材，在不同的艺术家手中，有抒情的，有状物的，有造型的，有想象的，有夸张的，有写意的……风格各异，迥然不同。难怪有人说，艺术就是一种"魔术般的形象综合"。事实上，在艺术创造的过程中，艺术家往往要突破常规，发现或重组他未曾发现、未曾组合、未曾体验过的新的结构或关系，从内容到形式，独出机杼，竭力创造出独特新颖的艺术作品。虽然这种艺术作品有时候表现为追求时髦和肤浅，有时候表现为意蕴深刻和独特，它却在一定程度上发展了思维的独特性。不仅如此，在自由的审美过程中，主体还可以放弃过去那种有目的、有方向的思维活动，而任想象力自由飞驰，在自由联想的过程中，构造出独特的审美意象；而过去那些遮遮掩掩的诸多想法，便完全可以在自由的审美过程中付诸现实；那些曾被蒙上尘埃的个性特征，便在一定程度上恢复了真的面目。此时，主体是快乐的、满足的，处于一种身体无痛苦、灵魂无忧虑的状态，并尽可能通过更多的关照来调整自己的心态，运用自己的知识，独立地发现问题、分析问题和解决问题，在审美活动中，养成自己独特的性格品质，从而成为一个富有独创性的人。

（三）美育可以培养和激发创造思维

1. 美育与灵感思维

在创造发明活动中，科学家和艺术家有时会陷入困境，苦思冥想，不得其解，却因某种启发，茅塞顿开，突然领悟，产生创造火花。这种心理状态通常被人们称为灵感。由于灵感的到来带有偶发性，思想者本人也说不清它的来龙去脉，所以它常常被披上神秘的面纱。唯心主义者用神赐、天才、无意识来解释它。柏拉图说，灵感是神赐的狂迷。苏格拉底说，缪斯之神才是灵感的源泉。本格森则强调，灵感是先验的本能等。其实，灵感是一种创造性思维形式，是一种短暂的最佳的创造状态。它在本质上是大脑经过紧张的思考和专心的探索之后而产生的思维质变，也是思维活动中渐进过程的中断和升华。

灵感的出现需要一定的诱因，而通过艺术活动所积淀起来的艺术修养和正在进行的审美活动，则为灵感的产生提供了经常性的机遇。爱因斯坦在构思相对论的论文时，"喝完了咖啡就走到钢琴跟前，开始弹琴，时而弹几下，时而停一会儿，记下一些什么……然后回到楼上的书房里，谢绝了别人的打扰，两个星期之后，他说自己写的是相对论"。虽然我们不能穿凿附会地断言，是弹钢琴弹出了相对论。但是，我们可以肯定弹钢琴给他带来了灵感。科学史上类似的事例还有很多，例如，开普勒关于行星运行第三定律的提出，是受了他家乡和谐曲的启迪；威尔逊设计的世界上第一个"云雾室"，在很大程度上得益于山顶白带似的云雾引起的联想。

灵感产生的关键阶段，需要主体给意象的转换造成一种有利的心理状态。这种心理状态正是艺术创造和审美活动中要求的那种精神上的解放和自由。事实上，经过长期的艰难探索之后，创造者受到美的熏陶和感染，必然会产生一种极其自由、和谐的心理状态，使主体的感性与理性、准备与顿悟、兴奋与抑制、意识与无意识、能力与潜能、理念与直觉等得到充分的沟通与契合，从而达到一种自我、本我、超我和自我理想的融合，一种原发性过程与继发性过程的融合，一种快乐原则与现实原则的融合，一种毫无恐惧的、能够使人达到最高成熟的健康回归，一种人在所有水平上的真正的整合。此时，主体目标集中，浑然一体，思路敏捷，思维活跃，想象飞驰，联想丰富。各种意象，迅速组合，快速转换，创造者的创造力产生质的飞跃，创造力新的效应出现了，灵感跃出。可见，通过审美教育获得的审美心境不仅是灵感产生的催化剂，还是自由审美成为灵感钥匙的内在心理成因。

2. 美育与直觉思维

直觉是创造性思维的一种基本形式，其本质是大脑对事物的瞬间判断。通常人们通过感性器官的感觉，只能认识事物的现象；而理性的直觉却能直接洞察事物的本质，并产生有价值的设想和预见。所以，许多科学家常把直觉看成创造的起点，创造性思维的源泉。汤川秀树在《创造力和直觉》一书中写道："对于物理学进一步发展来说仍然是不可缺少的抽象思维能力，只靠自己是不能起作用的。它总是以直觉能力的存在为其前提，而直觉能力在古代希腊的天才和中国的天才那里都是天赋甚高的。看来重要的问题在于直觉与抽象之间的平衡或协作。"

美育是美感教育，美感作为自由感受渗透着理性的直觉能力。贝弗里奇指出："有相当部分的科学思维并无足够的可靠知识作为有效推理的依据，而势必只能主要凭借鉴赏力的作用来作判断。"他把这种鉴赏力描写为美感或审美敏感性。康德的哲学术语称之为审美判断。审美判断和逻辑判断不同，它的根据不是概念而是直觉。这里所说的直觉虽然不同于审美直觉，但共同的本源使两者之间有许多相通之处。事实上，在我们欣赏美时，无论是一幅画，还是一处风景，不需要做出逻辑的分析与推理，都可以迅速地得到审美直觉的感受和判断。只要主体掌握的信息是全面的，这种感受和判断在一般情况下与主体严密的逻辑分析结果是一致的。这是因为主体在对过去见过的许多相似的形象作分类编码储存时，已有意无意地进行过抽象的、理性的、观念的分析和判断，也就是说，对美的对象的抽象和分析已实际地体现于审美直觉。显然，审美直觉不是单纯感性的猜测与估计，而是感性渗透着理性，是直观的又是推理的。因此，通过音乐、绘画等审美艺术活动，不仅能训练人的审美感知能力，而且从听觉、视觉等方面发展着人的直觉思维能力。

3. 美育与想象力

想象力是创造力最本质的内涵，缺乏想象力就意味着创造力的匮乏。培根说："想象因为不受物质规律的约束，可以把自然界里分开的东西联合，联合的东西分开，这就在事物之间造成了不合法的配偶与离异。"然而，正是这些不合法的"配偶"与"离异"，为科学的创造、发明开辟了比逻辑思维更为广阔的通道。

爱因斯坦指出："应该有权让自己的想象力自由奔驰，因为要达到目的没有别的办法。"

美育是培养和训练想象力的最佳途径。在审美教育过程中，主体被带入想象世界之中，使想象空前丰富和活跃起来。由于审美想象较少受对象本身条件的制约，并且完全不受直接物质功利目的的限制，所以它不仅是一种再现已有的物态形象的再造想象，还是一种创造性想象。然而，无论哪一种想象，都能打破时空条件的限制，追溯过去，展望未来，调动表象储存，进行重新组合，创造出具有独特审美意蕴的全新意象。正如刘勰所说："寂然凝虑，思接千载；悄焉动容，视通万里；吟咏之间，吐纳珠玉之声；眉睫之间，卷舒风云之色。"审美想象的这一特征，使主体能够领悟到"言外之意""弦外之音""象外之旨"，对客体的评价和判断更加深刻，能够获得更为新颖的、独特的审美意象。事实上，科学结论即将产生的瞬间，推理活动既不单纯借助于理性概念，也不借助于事物的直接形象，而是借助于意象。科学技术的创造与发明，正是在想象中这些意象筛选、碰撞、联系、组合的产物。

第三节　大学生德育与美育协同发展的时代价值

一、现实价值：增强高校思想政治教育的实效性

中国特色社会主义新时代，是决胜全面建成小康社会，进而全面建成社会主义现代化强国、逐步实现全体人民共同富裕、实现中华民族伟大复兴的中国梦新时代。新的历史条件下，思想政治教育也迎来新使命和新要求，这迫切要求新时代思想政治教育创新发展，从而更好地为党和国家事业发展服务。高校思想政治工作关乎"培养什么人、怎样培养人、为谁培养人"这一根本问题，也是为中国特色社会主义事业提供可持续人才的决定性因素。新时代高校思想政治教育在新的历史方位上必须明确自身的历史使命，必须以加强大学生的理想信念为目标引领、以提高青年道德素质为任务驱动、以增强"四个自信"为责任担当，不断

创新方法和手段，提高思想政治教育方法的针对性和有效性，适应新时代中国特色社会主义的新发展。这是新时代高校思想政治工作创新发展的重要目标，也是办好中国特色社会主义高校的根本遵循。

（一）以人为本，实现全面育人

随着社会的全面发展，"以人为本"的思想理念便日益被人们所关注并逐渐深入人心。要增强大学生思想政治教育的实效性，就必须坚持"以人为本"，尊重受教育者的主体地位，深入分析学生的情感和认知系统，充分考虑学生的个性需要，凸显教育内容的针对性，体现教育形式的灵活性和载体的多样性，追求教育过程的愉悦性。真正使受教育者把外在的思想政治要求内化为内在的思想道德素质，成为具有坚定政治立场、正确政治方向、崇高理想抱负、高尚道德情操和远大理想信念的社会主义事业建设者和接班人。

高校德育与美育的协同发展，遵循了"以人为本"思想理念。德育通过对高校学生世界观的改造，培养他们树立崇高的理想和政治信念，形成社会主义核心价值观，健全人格，形成向上向善的能力；而美育则帮助学生形成健全的人格，促进身心健康，形成求真求美的文化素养，二者在最终出发点和落脚点上都是培养"德、智、体、美全面发展"的时代新人，达到真、善、美和谐统一的理想境界，这也是二者追求的内在目标。因此，高校德育与美育协同发展，不是简单的政治、思想、道德的灌输与接受，本质是被教育者在教育者的价值引导下实现自我教育的过程，可以更好地满足学生个体的需要，促进人与社会的和谐，促进人的社会化。一方面，在相关理论课程中坚持教育内容的严肃性，向学生传授马克思主义的立场、观点和方法，学习习近平新时代中国特色社会主义思想，学习社会主义核心价值观、科学世界观、方法论和其他理论知识，同时有侧重地把理论产生的智慧之美，特别是理论的价值效用之美的美育要素运用到理论课教育教学内容上，形成理性教育和感性教育相结合的方式，调动受教育者的积极情绪，使他们进入主动学习状态；另一方面，积极通过日常的各种教育活动和载体，使理论具体化、形象化、生动化，结合各项活动，融入学校文化。美育的内容与方法更加感性化，会通过各种生动形象、新颖的方式让学生潜移默化地从感性情绪体验，升达理性提炼和启迪，最终达到内在气质、道德品格提升的境界。因此，在全面育人的过程中将美感与道德互相协同与沟通，这种新型教育模式有利于培养当代大学生良好的综合素质。

（二）以美促德，创设育人环境

环境是人类生存和发展的各种外部因素的总称，通常包括自然环境和社会环境两种。自然环境为人类的生存提供物质条件，而社会环境是人类在发展和交往中形成的各种相互关系。由于个体的一切行为活动都是在特定环境下被激发的，所以环境对个体的行为有着重要的影响和制约。作为教书育人的主要场所，高校承担着培养大学生全面发展的重要任务，因此高校的育人环境同样会对学生的成长和培养产生重要的影响。

高校育人环境是高校校园中围绕整个教育过程的精神氛围和教育活动赖以发展的物质条件。高校的教育环境同样可分为物质环境和精神环境两种：物质环境主要包括校园的整体布局、基础设施条件、校园环境绿化、各种教学场地设备等物质环境和自然环境，它是师生员工进行学习、工作、生活的主要场所与必备的物质条件，也就是人们常说的硬环境；精神环境包括校园的制度环境、舆论环境、精神文化环境、信息环境等，是潜移默化对大学生思想和学习产生影响的精神要素，也就是人们常说的软环境。物质环境和精神环境相互作用、相互转化，共同形成学校的育人环境，发挥育人功能。

人创造环境，同时环境也影响人，造就人。优美的环境能够使高校师生在舒畅的条件下学习、工作和生活，身心获得健康发展，校园人际关系更加和谐融洽，行为受到规范约束和感染，教育教学效果获得提升。在高校德育过程中，良好的育人环境是德育和提高德育水平不可或缺的，这同时也是高校提高思想政治教育工作有效性的必要条件。因此在高校思想政治工作中需要努力营造大学生健康成长的良好环境，使之成为国家和社会所需要的合格人才。

高校德育与美育的协同发展，能够充分发挥以美促德的作用。校园育人环境是美育的重要载体，具有审美教育效应、情绪感染和激励效应，对学生的思想情感、审美情趣、美好品德形成有着熏陶和感染作用。以美促德的育人环境本质就是通过以自然美、艺术美、社会美和科学美的感性审美形象来积极创设健康和优美的育人环境，使学生在耳濡目染，潜滋暗长中实现道德和审美的交互影响和升华。无论是校园的物质环境抑或精神环境，无不蕴含着大量的美学元素。如校园的整体空间布局、建筑造型、力学结构、线条组合等均充分运用了线条、形体、光线、色彩、质感等形式美的因素来装饰和表现；校园的各种花草树木，层次丰富、色彩协调，与各种建筑一起体现了自然美，是建筑与艺术美的和谐统一；校园内开展的各种丰富多彩、健康优雅的校园文化，具有高尚、典雅、精益的特征；优良的校风作为一种强大的精神力量，符合道德和审美规范的要求；和谐的校园人际关系和师生关系渗透着对个体的人文关怀，体现了审美情感与审美精神。因此，高校德育与美育的协同发展，就是要充分利用精心设计和创造的审美化育人环境，共同营造良好的人际关系，使学生在潜移默化中得到启发和教育，有效地促进大学生的身心健康和人格完善，提高德育的效果和水平。

（三）以情感人，突出情感相通

情感是个体人对客观事物是否符合人的需要而产生的一种态度，带有强烈的主观倾向性。情感是人们对客观世界长期认识的结果，它并不是凭空产生的，只有与人们的需求有一定关系的事物才会对它产生肯定（积极）或否定（消极）的影响，由于不同的人有不同的需要，所以人们可以为同一件事物产生不同的情感。在心理学上，情感通常分为审美情感、道德情感、理智情感等。

审美情感是人类所特有的，建立在理智情感和道德情感之上并超越二者的高级情感体验，是人们对客观现实对象的审美属性是否满足人的审美需要所作的情绪反应，也就是说审美主体根据其自身的审美需要，按照内心的审美标准对审美客体进行评价时所产生的肯定或否定的主观态度；道德情感是指个体按照一定的社会准则或道德标准评价客观事物或处理相互关系时的肯定或否定的主观态度，道德情感也是人类特有的高级情感，它随人们的道德水平、信念以及世界观的发展而提高，所以受到一定的社会环境的制约，道德情感包含广泛，如集体主义感、爱国主义感、集体荣誉感、责任感、自豪感等；理智情感是个体在智力活动过程中认识、探究和追求客观事物规律的需要而产生的情感体验，它表现在人们认识客观现实世界、追求真理和维护理想信念等方面，如在探索问题过程中的怀疑感，获得知识过程中的喜悦感，科学研究过程中对复杂现象的惊讶感等。

情感的三个组成部分是相互联系、相互作用的，反映个体精神生活整体的不同方面。审美情感建立在道德情感和理智情感基础之上，而道德情感和理智情感又包含审美情感的成分。审美情感体现了人与客观事物的互动，反映人类"求美"的精神追求；道德情感体现了个体之间和个体与社会之间的行为关系，反映人类"求善"的规范，理智情感体现了个体与客观世界的认识关系，反映人类"求真"的境界。因此，情感培养的终极目标就是培养集真善美于一体的完整性情感。

高校德育与美育协同发展，可以借助德育与美育的情感相通，来促进思想政治教育工作的有效开展。德育作为一种规范性教育，侧重于对受教育者理性方面的培养，通过摆事实、讲道理使受教育者明辨是非、善恶，实现对个体言行及内在意志品质、价值观念的约束，掌握行为规范标准，提高道德修养水平。而美育则更加强调感性教育，侧重于通过各种情境或审美对象使受教育者的情感产生共鸣，在获得审美体验、感动、领悟的同时，也获得了思想境界的提升。如果说德育是"晓之以理"的教育过程，那么美育则是"动之以情"的教育过程，学生可以借助审美情感的体验，愉快地、真诚地、自发地追求道德的善。因此，高校德育与美育的协同发展，就要求在德育中充分发挥情感体验在建立审美心理结构和伦理心理结构中的纽带作用，突出情感相通，使受教育者在感情上产生共鸣，使其立场、观点向正确方面转化。

二、根本价值：实现个体的全面发展

个体是指进入社会实践领域的个人。马克思主义中人的全面发展理论认为，个体的全面发展就是人的需要在深度上得到充分满足和在广度上得到全面发展，个体的全面发展包括多方面和多层次的发展，具体包括个体身心的全面发展、个体各种能力的全面发展、个体的社会关系的全面发展等。新时代随着改革开放和社会主义现代化建设的不断深入，社会发展与时代进步更需要个体的全面发展以适应新时代变革的要求，为实现中华民族伟大复兴贡献力量。在全国高校思想政治工作会议上，大学生个体的全面发展除了德智体美劳各育全面发展，还应体现在思想道德品质、政治觉悟、健全人格、人文素养等方面全面发展和提高上。高校作为立德树人、培养人才的地方，其本质就在于促进大学生个体的全面发展，使之成为能够担当民族复兴大任的时代新人。

（一）塑造大学生健全人格

古今中外诸多学者对"人格"的概念进行了界定。普遍认为，人格是个体在与环境互动过程中表现出来的独特行为模式、思维方式和情感反应，是做人的基本品格，也是做人的行为范式。心理学研究表明，一个人的完整人格包括人格心理特征和人格倾向两个方面。人格的心理特征指在心理活动中表现出来的比较稳定的成分，包括能力、气质以及性格等。人格的心理特征反映在人们活动效率和活动风格的差异上，具有整体性、独特性、稳定性、可变性、生物性和社会性等特征。人格倾向指决定人对待事情的态度和行为的动力系统，以积极性和选择性为特征，包括需要、兴趣、理想、信念、动机、价值观和世界观等方面，它们限制了人格的心理特征。

健全人格是个体各种人格特征的完美结合，要求个体需要和动机、兴趣和爱好、智慧和才能、人生观和价值观、理想和信念、性格和气质都向健康的方向发展，具有客观理性的自我认知能力，具有很强的适应社会环境的能力，能够正确处理人际关系，具有创新能力和创造性，能有效地运用自己的智慧和能力，以适应社会发展的需要，实现自我价值。健全人格还是个体在社会生活方面所表现出的较理想的状态，体现在伦理道德、法律法规、人生观世界观等诸多方面。它是个体人格与社会人格的有机统一，不仅反映了个体在社会生活中的价值取向，也反映了个体的社会价值认同。从理想标准来看，健全人格就是个体的生理、心理、社会、道德和审美各要素完美地统一、平衡、协调。对于当代大学生来说，学者认为其健全人格应该包含个性心理品质，道德意识与道德自律，个体行为与价值取向，人生追求与社会理想四个方面。这里健全人格将良好的个人心理健康水平、价值追求、行为取向与良好的社会认知、社会要求和社会理想联系起来。

大学生是中国特色社会主义事业的建设者和接班人，关系到我国社会主义现代化建设事业的成败。大学生人格发展状况对于能否实现祖国的富强和民族振兴具有十分重要的制约作用。因此，对大学生健全人格的培养已不单是个人的需要，更是时代发展的需要，积极推进大学生健全人格的塑造对新时代中国特色社会主义现代化建设具有举足轻重的现实意义和深远价值。大学时期学生正处在身心快速发展和自我意识由分化逐渐走向统一的特殊时期，如忽视其健全人格的培育，其思想、心理、性格及行为必然会出现严重缺陷，因而是不可能实现个体的全面发展的。

健全的人格是在先天遗传和后天教育、环境等因素共同作用下形成的，其中后天外部环境（社会的影响，学校、家庭的培养教育）和学生的自我调控在健全人格的塑造中起到关键和决定性作用。德育作为教育的有机组成部分，肩负着培养人的重要任务，而培养人的一项重要内容即人格的塑造。现代德育包含思想素质、道德素质、心理素质的培养，而人格是思想、道德素质的集中体现，具有统摄作用。对教育者而言，"健全人格"是对德育对象提出的具有实现可能性的教育目标和宗旨；而对德育对象而言，"健全人格"是在客观的激励和引导中最终引发的主观思想升华和品德着陆。德育本身所具有的教化功能，有利于形成个体积极向上的人生目标，提升道德境界，塑造健全人格。

对于高校德育和美育而言，既然二者均是塑造完美人格的理想手段，是人格完善的两个必要方面，那么我们所提倡的二者协同发展，将有利于在健全人格塑造时既重视道德规范的他律作用，更应重视激发人的自我教育的动机，变强制为唤起自觉，变灌输为循循善诱，变概念说教为寓教于乐，将道德规范化为内在要求，使教育对象在潜移默化中实现人格境界的提升。德育与美育的协同发展，反映了理性与感性的统一，尊重人们的认知规律和思维习惯，更容易取得良好效果。德育要求人们通过强制手段有意识地遵守道德标准与法律法规，强调人的社会人格的培养和人们"自觉服从"的思想和行为方式的培养，从而建立理想有序的社会关系，使内心世界的自尊与自信等品性相结合。美育使人们在各种环境中保持心绪的纯净，坚定了人们的意志和品格，使道德人格更加稳定，并将内心得到的愉悦及美感再外化为优美的仪态、风度及言谈举止，使纯净灵魂与优雅气质相结合。因此，高校德育与美育协同发展，将更加有利于促进大学生心灵情操的陶冶，塑造健全人格，从而促进学生身体和心灵、感性和理性、个性和社会性的全面发展，这也是高校德育工作实现以人为本的"培养人"的最佳路径。

（二）加强大学生的品德修养

品德是个体品质的内在结果以及外部的表现，是人类丰富的内心世界的精神结晶，是道德、诚信的总和，是修身养性的结果。品德也被认为是个体按照一定的社会道德标准和规范行事时，对社会、对他人、对周围事物所表现出来的稳定心理特征或倾向。品德是一个综合性范畴，一般认为品德是道德认知、道德情感、道德意志、道德行为等因素的统一体，它们相互联系、相互作用，共同形成特定的道德品质。品德与道德两个概念之间既有密切联系又有所区别，道德是一种社会现象，依赖于整个社会的存在，受社会发展规律的支配；品德则是一种个体现象，依赖于个体生存而存在，品德的主要内容来源于道德，是社会道德在个体身上具体的体现。可见个人品德不仅是社会道德原则和规范的内化，也是个人理解、选择和实践社会道德的结果。何为修养？通俗地说就是"修身养性"，原意包括修身养性、反省自新、陶冶品行和涵养道德等内容。修养的概念具有广义和狭义之分，广义的修养泛指人的综合素质，人们在政治、道德、学术以至技艺等各个方面的学习、能力的锻炼、境界的提高过程以及所达到的一种能力或思想品质；狭义的修养则主要是指道德修养，包括学习道德知识、锻炼道德意志、培养道德情感、建立道德信仰、参与道德实践的活动过程以及所形成的道德品质和达到的道德境界。"修养"这个词通常用来对个人进行综合评价，这是一个具有积极意义的高度评价。

由以上论述可见，品德修养本身包含着道德品质和道德提升的内容，是个体有意识地、积极地按照社会道德标准和规范的要求，自觉主动进行自我教育、自我塑造的活动过程。从本质上讲，个人品德修养服从于社会道德体系进步的内在逻辑，它是个人基于向善的内在动力。通过自觉调整原有的价值体系，积极进行自我涵育、自我锤炼，逐渐接近理想人格和社会主导价值目标，从而实现自我完善和品德提升的过程。

第四章　高校美育课程开发与建设

第一节　高校美育课程开发理论

一般而言，课程设计的基础主要包括学生的基础、社会的需要和知识的发展。其中，学生基础包括学生已有的学习经验和学习需要，是课程设计最主要的依据。就高校美育的课程来说，在经济社会高速发展的前提下，高校必须为每一个大学生提供可选择的课程，既要满足大学生审美需求，也要符合高等教育的基本规律，这就规定了高校美育的基本特征。高校美育课程是依照党和国家"德智体美劳"全面发展的教育方针，针对美育处境不利且具有美育课程需求的在校大学生设计的课程。

一、高校美育课程设计主要理论依据

美育伴随我国教育从传统封建教育走向现代教育，却没有同德育、智育和体育那样形成完整的教育教学体系。美育课程被艺术课程、融入式课程大量替代，这无疑对美育作为党和国家教育方针重要组成部分的削弱。按照课程研制和设计的基本理论来设计美育独有的课程、课程群甚至课程体系才符合《国务院办公厅关于全面加强和改进学校美育工作的意见》（以下简称《意见》）要求的"开齐开足美育课程"，而不是将各类课程挂上"美育"的名号。

（一）泰勒课程基本原理

20世纪以来，现代工业科技的发展使科学、实效、精确、定量成为教育研

究追求科学的标准。经历 30 年代的经济大萧条，由进步教育协会发起的"八年研究项目"掀起课程重建运动。基于实验的总结，当时最负盛名的课程理论专家拉尔夫·泰勒提出了课程设计的基本程序，主要体现在其著作《课程与教学的基本原理》中，他从行为理论出发提出了课程设计要考虑的目标制定、内容选择、组织实施和课程评价四个基本问题，如下所示。

1. "学校试图达到什么样的教育目标？"

泰勒并没有直接回答学校的教育目标是什么，而是提出了学校教育目标制定的五个依据，即"学习者本身的经验""校外生活""学科专家的建议""哲学上的意义"和"心理学上的意义"，实际上反映了学校教育目标应考虑学生、社会和学科发展三个方面。同时泰勒又指出，教育目标是多样的，要通过"教育与社会哲学"和"心理学"的筛选，从而形成既符合学校办学既定目标又符合学生发展的教育目标。

2. "提供何种教育经验才能达到这些目标？"

教育经验是指为实现教育目标提供的教育内容，对不同的学校、学科都有所不同。对于教师来说是提供何种经验，对学生来说是获得何种经验。泰勒提出五个基本原则：学生有机会去实践、学生能够得到满足、学生有能力去实践、学生有多种学习途径、学生有多种学习结果。这种经验还具备培养学生的思维技能、信息获取、社会态度和学习兴趣的特征。

3. "如何有效组织这些经验？"

泰勒提出连续性、顺序性和整合性三个原则来确保学习经验的有效组织，连续性是指主要课程要素的直线式重复，顺序性是指不断将新的学习经验建立在已有的经验基础上，整合性是指课程的横向联系。

4. "如何确定这些目标真正地被实现？"

这里讨论的是如何评价的问题，行为目标理论的评价就是对比学习结果与教育目标的差异，是一个"确定课程与教学计划实际达到教育目标的程度的过程"。泰勒对评价程序和评价结果的使用做了具体的论述，评价情景性是评价过程需要考虑的重要因素。

针对泰勒模式"输入—产出"过程的各种批评，如将学校和学生影射为工厂和产品，过分强调教育的外在目标，学生个性不断随着教育的加工而丧失等。以斯滕豪斯提出的课程设计为代表的过程模式大力修正了这一缺陷，但仍不可避免地陷入矫枉过正的陷阱，也就是说在尊重学生主体性和尊重学科知识的逻辑性上出现矛盾。从泰勒原理并非课程内容本身的设计而是针对课程设计方法的研究来看，在不断地被改造、完善后，形成了目标模式的整体课程设计理论。作为一套易掌握、具体化的完整课程设计程序，对高校美育课程开发有着科学性、标准化的指导意义。

（二）布鲁纳结构主义课程理论

结构主义课程理论是 20 世纪 50 年代后期美国锐意改革中小学数学与自然科学课程的产物，是在结构主义哲学和结构主义心理学的基础上发展起来的。结构主义哲学强调认识事物的内部结构，反对单纯研究外部现象；强调整体，反对孤立研究局部；强调在系统和关系中把握事物，反对单纯经验论。而结构主义心理学则强调通过个体的认知结构与外界环境的交互作用实现心理发展，教学是基于学生的认知结构来选择教学材料和教学方式。在此基础上，布鲁纳所提出的结构主义课程理论对教学内容和教学方法做了系统论述，主要体现在其著作《教育过程》中。

关于课程目标。学生的智力发展就是在"工艺和社会异常复杂的时代"环境中，按照个体自身的认知规律，强调学科结构的良好教学，从而使学习能力较差的学生能够不被教学所抛弃。不仅如此，布鲁纳的课程目标还包括使学生体验知识之所以成为知识的过程，体验到学习中发现的过程。

关于课程内容。布鲁纳强调学科的基本结构，也就是知识的基本结构。布鲁纳认为，学校课程和教学方法应该同所教学科中的基本概念的教学结合。这些基本概念，既能够由教师教给普通的学生，又能反映出各个学术领域的基本原理，以便学生的学习成果能够在结束学习后产生迁移。因此，布鲁纳提出课程编制的螺旋法，实际上就是以学科的基本结构，即围绕基本概念及其关系组成的螺旋式展开，并辅之以符合学生思维发展的教学方式，从而实现概念的迁移和上升。

关于课程的实施。布鲁纳提倡态度和启发教学，就是教给学生好学的态度和思维启发的方法，这一过程就是发现学习。发现学习，是指教师不直接提供知识与概念，而是学生结合教师提供的材料、信息主动进行思考、实践，在这个过程中获得的对事物的认识，从而形成相关的概念、原理及学科的基本结构。他们强调"主张在提出一个学科的基本结构时，可以保留令人兴奋的部分，引导学生自己去发现它"，并按照课程内容的螺旋方式，产生"再发现"的可能性。

　　关于课程的评价。布鲁纳在《教育过程》中简单阐述了考试的思想，他将考试作为"改进课程和教学的同盟军"，无论何种形式的考试，都应该侧重于理解学科的一般原理，按照学生理解具体事实的方式去设计和组织考试。布鲁纳的结构主义课程对高等教育的课程设计有非同寻常的借鉴意义，一般原理的教学、学科结构的教学，实际上与高等教育高深知识的教学有异曲同工之妙。高校美育的课程同样不可能纳入所有的美，将一般概念上的美、将美的规律迁移至大量的审美实践中，形成美育课程的秩序，从而培养大学生审美认知的思维能力。

二、高校美育课程的逻辑起点与指向

　　高校美育的收效甚微，不仅因为学校美育本身就是学校教育中最薄弱、最受轻视的环节，还因为现行美育一定程度上忽视了新时代高校美育的基本特征。

（一）以高深审美知识为逻辑起点

　　美育的高深知识是大学生发展审美能力的理性基础，但是高校美育的实施呈现出三种异态：一是过度虚化，冠之以"通识教育"，即美育课程中没有美育，而是充斥着鉴赏、品鉴等模糊字眼。高校美育以虚幻的形式被纳入通识教育课程体系，"欣赏"或"鉴赏"只不过是对艺术作品的分析，甚至"为追求课堂教学效果而游离于知识教学，将理性评价降格为低俗文化现象之简单罗列"。二是过度实化，冠之以"艺术教育"，即以艺术教育代替美育，譬如书法艺术、绘画艺术等。这种形态普遍存在于各类高校中，艺术教育无疑是美育的最主要载体，当艺术教育"着重通过艺术陶冶人的性情，作用于人的心灵，提高人文素质与审美修养时，它就纳入了美育的范畴"。但是艺术教育沦为艺术技能教育，将传授艺术技法作为唯一的目标，它就不具备美育的意义，又失去高深知识教育本质。三是过度专化，即以美学原理代替美育，所谓"大学美育教程"便是最直接的体现。原理是自然科学和社会科学中具有普遍意义的基本规律，按照这个定义，美学原理理应属于高校美育的高深知识，但其着眼点在美学，是关于美的高深知识，在美的本质的高度概括中又导向哲学，这显然与审美教育的初衷相悖。

从高等教育的逻辑起点看，高校美育的高深知识是有关美和审美的要素结构及规律。结构或规律是大脑理性的结果，大学生应当是理性思维的身体力行者，因为理性思维是人类最高级的心智操作，它具有高度的概括抽象性、积极的综合创造性、缜密的逻辑辩证性、丰富的历史实践性。高校美育不能停留在简单的艺术鉴赏等活动层面，而是要以美的知识促进学生思维的发展。不仅要让学生了解自然美、社会美、艺术美等美的形态，知其美，还要知其所以美，用适当的美学知识和艺术学知识等组成美育高深知识作为高校美育的内容。另外，高等教育以学科专业划分学习领域，不同专业知识按照其独特的逻辑组合、调整，形成外在形式美与内在逻辑美。高等教育还强调不同学科专业间的跨界联系与融合。大学生必须真正热爱自己的专业、发现专业的美，才能够跨专业、跨领域发现并运用美的规律。

（二）以补偿和发展为价值取向

学校美育是学生教育全方面、全过程最薄弱的环节，这表现在适龄青年所接受的教育全过程，尤其是基础教育阶段的学校美育缺失，将对大学实施美育造成严重的影响。有学者将各种形式的审美教育归纳为三种类型：启蒙型、普及型和文化型。启蒙型审美教育适用于幼儿、少年及缺乏文化启蒙教育的成年人，是较低层次的审美教育；普及型审美教育适用于中学生，具有中等文化的知识青年及一般的人民大众，属于中等层次的审美教育；文化型审美教育适用于高等院校学生及各级各类知识分子、干部和从事文化、艺术工作的专业人员，是在具有一定艺术修养基础上的审美教育活动，属于高层次的审美教育。但对全国大学生审美素质与人文素养进行抽样调查后发现，诸多大学生由于历史原因或经济条件限制，基础教育阶段缺少体艺活动经验。如在艺术技能方面，一项艺术技能都不会的大学生约占 37%，近 38% 的受访者不能描述对美的认识，其他大多偏向人的外在美（颜值高）与内在美（人格高尚）以及自然风光美等直观性理解。但是，教育的实践性和大学知识的高深性决定了这种经验是大学审美教育的基础，高校必须以满足这种大学生的审美需要和美育需求为起点，以补齐基本的艺术素养（包括艺术鉴赏能力和 1～2 项艺术技法）和发展专业审美能力为两级目标，以艺术鉴赏课程为载体、延展跨界审美课程，以创设审美规律与经典艺术作品相结合的鉴赏教学、审美理论与专业知识相融合的专业教学为途径，提高大学生对经典艺术和专业知识的审美化认识，进一步提升其专业品质、生活品质和人文素养。

高校美育应该是在大学生具备一定的审美经验的情况下，进一步介绍美学原理和审美规律，并指导学生进行审美创造的活动。由于审美经验的缺失，高校美育首先应落实到课程补偿上，针对学生缺失审美经验的现实情况，设计补偿审美经验和发展审美创造的课程。其意义不仅在于培养大学生的感性审美能力，更强调美的基本规律及其应用，促进大学生审美理性的发展。

（三）力求实践的审美教育活动

教育是一种培养人的实践活动，这是教育的质的规定，实践活动是教育最本质的特征。杜威的实践教育论将教育目的与教育手段统一起来，称之为教育的内在目的。而外在教育目的观显然将教育作为一种手段，而目的在遥远的将来，"目的和手段分离到什么程度，活动的意义就减少到什么程度，并使活动成为一种苦工，一个人只要有可能逃避就会逃避"。美育是一种实践的教育，目的在于让学生学会发现美、鉴赏美、创造美，进而陶冶精神、创造美好的生活。在这种教育目的的关照下，美育需要通过各种活动，如艺术欣赏、创作与展演等来进行，手段和目的是完全统一的。

不幸的是，我们的美育多是学校（教师）或上级教育主管部门提出标准，将教育实践等同于工厂生产活动，新生就是原材料，毕业生就是产品。换言之，这就是一种外部目的观。就高校美育而言，外部的目的观，诸如教育主管部门的强制要求、学校学科建设的需要等，将美育生硬地纳入学生专业培养方案的课程体系，仿佛外来客般杵在课程列表的末尾，高校美育完全沦为一种智育、德育的工具。他们认为，美育是德育的深化，是进行思想教育的有力武器，能够在动之以情和美的形象感染中，达到道德教化的效果；他们认为美育对智育有着重要的促进作用，可以开发人的智力，培养学生敏锐的观察力、深刻的感知力、丰富的想象力和巧妙的创造力；他们认为美育对体育教学中传授体育运动基本技能有重要帮助，特别是一些观赏性较强的体育项目，如体操、轮滑等，动作标准性、规范性的体育素养却成为美育的目的，忽略了审美最重要的目标，即让人身心愉悦，进而陶冶人的情操，培养高尚的灵魂。高校美育始终以"课堂活动""课外活动"的形式辩解自我的实践特征，实际上仍只是教育者的教学工具、学生的学习任务。

审美教育不能完全以通过一次审美课程传递给学生审美的技能技巧为目的，而应在教育的过程中审美，使教育的实践成为审美的实践。因此，经历这个过程主要有三个要求：一是学生能感受到教育本身的美好，喜爱教育活动；二是学生能找到适合的美好事物，使学生和教师在共同的审美环境中身心愉悦；三是学生能够完善自己、悦纳自己，让自己成为美的化身，继而又在德育、智育和体育中升华为真正的审美教育。具体而言，高校美育的实践性特征，就是以审美教育本身为目的，将美育的教学环境布置为审美的环境，将美育的教学活动改为审美的活动。

第二节　高校美育课程的开发思路

一、课程目标设计

艾斯纳认为，课程目标就是人们希望通过所提供的课程计划而取得的具体目标，并且具有精确、清晰的程式化特征。课程目标的设计是在充分辨析课程目标的基础上，利用合理的原则拟定课程目标，并使之成为严密的目标体系。课程目标作为承接国家教育目的和学校培养目标的重要概念，对课程内容的选择重构、课程实施过程与方法、课程实施效果的检测等，都具有重要的统摄和指导意义。

（二）系统化、适应性和层次化

从学生需要、社会需要和专家建议中可以获得诸多课程目标，但并不能全盘或不加组织地接受设计的课程目标，只有某些必要且充分的功能才能被纳入课程的目标体系中。高校美育的功能给予美育课程在德育、智育和体育等方面的重要使命，遵循课程目标设计的基本原则也有益于厘清繁多的课程目标。

1. 系统化的原则

系统化是表明课程目标在整个目标体系中的组织关系，包括横向、纵向的联系，保持课程目标设计与其他课程设计环节的平衡。高校美育的课程目标，纵向上衔接好教育目的、培养目标与教学目标，充分考虑美育课程目标是否能够实现教育目的与培养目标的要求，同时能够分解为各个教学单元的目标；横向上充分考虑美育功能，将审美能力各要素作为美育课程目标的追求，如审美感知、审美表现、审美创造等。同时，将更高层次的人文素养纳入美育课程的影响范围，在实现美育课程目标的过程中，促进其德育、智育（专业学习）、体育和劳动教育课程目标的融合共生。

2. 适应性原则

课程目标是为修习本课程的所有学生制定的，基于全部学生不同的学习经验，既不能过高脱离部分学生的已有经验，也不能过低导致学习活动难以拓展学生的最佳发展区。当前，高校美育课程有着不同于德育、智育和体育课程的实施现实，是在某些方面缺失的情况下实施的，不仅在于艺术教育经验缺失，更在于审美教育经验的缺失，比如基础教育中，音乐、美术等艺术课程的缺失。因此，必须把握好学生的美育基础，制定适应学生发展的美育课程目标，补偿部分大学生缺失的审美经验，并以此为基础发展大学生审美创造的能力，在两个阶段都必须适应学生审美能力的发展。

3. 层次化原则

层次化是指课程实施的结果按照一定的结构呈现上下位概念关系，每一层次的课程目标都包含了较低层次目标的操作方式和行为结果。按照布鲁姆的教育目标分类理论，教育目标分为认知、情感和动作技能三个领域，即认知领域的目标可以分为知识、领会、应用、分析、综合和评价；情感领域的目标可以分为接受和注意、反应、价值评估、组织和价值的内化；动作技能领域则可以分为知觉、定式、指导反应、机制、外显反应、适应和创作。这一目标分类是一个"教育的—逻辑的—心理的"分类体系。高校美育课程的基本特征要求其目标按照层次划分，放在首位的也应是认知领域，其次是情感领域和行为领域，然后按照美和审美的规律继续讨论具体层次的操作目标。

（三）补偿与发展递进式课程目标体系建构

高校美育的课程目标应呈现出补偿与发展的递进式结构关系，高校美育的发展性课程目标必须在补偿性目标完成的基础上进行，最终培养学生完整的审美能力，即大学生对无处不在的美具有感知能力、鉴赏能力、表现能力和创造能力。

基于高等教育的性质，完整的审美能力既要有感性的审美情绪，也要有理性的审美知识，更要求在实践基础上培养对本专业的审美能力。因此，从补偿性美育课程的角度看，高校美育课程目标基于中小学美育课程目标，但不同于中小学美育课程目标；从发展美育课程的角度看，高校美育课程目标还应基于专业学习，乃至跨专业、跨学科学习，形成审美的学科迁移能力，达到审美生活的境界；从中小学美育学科构成看，主要是音乐、美术和综合艺术三门学科，且更重视艺术技能知识的学习，而已有的高校美育课程则更强调从美学的角度学习和鉴赏经典艺术作品，包括音乐、美术、影视等。从这一点看，高校美育的补偿性课程目标应该从审美基础知识开始。同理，发展性美育课程目标应从对本专业知识、技能等认识开始。因此，将按照课程目标将大学美育课程分为认知、情感和动作技能三维，并以此设计高校美育课程补偿性目标。认知目标是大学生对课程的学习，形成对美育基本知识的学习；情感目标是大学生对课程所传达的审美需要、审美态度和审美价值观的感知；动作技能领域则强调大学生的审美行为能力，如审美感知力、表现力和创造力等。另外，高校美育课程还应该在大学生德育、体育和劳动教育方面发挥积极作用，可称之为美育课程的同时目标。因此，将高校美育补偿性课程目标、发展性目标和同时目标进行整合，尝试形成系统的面向全体大学生的美育课程目标。

二、课程内容及组织结构设计

（一）美学与艺术基础、专业与跨界审美规律

美育基础理论和艺术鉴赏已经在高校美育课程中取得共识，美育基础理论主要是美学基础知识的讲授，艺术鉴赏则是将美学基础理论应用于赏析和评论音乐、绘画、雕塑、影视、建筑、舞蹈等不同艺术形式。同时，美育课程不能独立于大学生的专业学习之外，要从专业学习中抽取审美材料，形成专业审美板块，最终形成跨学科、跨界的美育经验。因此，高校美育课程内容应包括以下四个部分。

1. 美学方面的知识

蔡元培先生认为，"美育者，应用美学之理论于教育，以陶养感情为目的者也"。此言虽不可完全套用，但表明了美学之于美育的重要地位，因为只有站在美学的维度上，作为美学与教育学、心理学、伦理学、脑科学等的交叉学科的美育，才能获得学科的基本规定性，确立学科的基本性质。美学作为哲学的二级学科，"美本身就是哲学问题"。但美育中的美学并不完全指向哲学意义上的思辨，美育的美学是哲学作为实践指导的存在，就是说，哲学意义上的美学问题是"什么是美""美的本质是什么"，而美育中的美学则强调指导审美的功能，说明"什么是美的""美存在于哪些领域""美可以分为哪些种类"的问题。从哲学意义上的美学为美育构建了一个审美的乌托邦王国，维护人的审美权利和唤醒人类生命的自由至少是建立在高级的审美情趣和高尚的审美人格之上，美育的首要使命是指导学生确立审美标准。因此，补偿性的高校美育课程，增加美学基础知识的必要性主要体现在两个方面：一是对大学生审美常识的升华，运用美学概念、原理、规律等在更理性的层次上指明或者概括出他们的感性认识；二是对大学生审美实践的指导，给予他们更具有哲理性的判断标准。

2. 艺术方面的知识

艺术教育是美育的主阵地，《意见》指出，普通高校要以艺术鉴赏课程为主，"开设艺术实践类、艺术史论类、艺术批评类等方面的任意性选修课程"。在教育部颁布的《义务教育课程标准》和《普通高中课程标准》中，美育主要的实施途

径为音乐课程、美术课程和艺术课程。实际上，音乐和美术作为艺术教育最常见的形式，在学校美育各个阶段都扮演着重要的角色，同样也是高校美育的重要组成部分。但是，当前艺术教育呈现两个极端：一是艺术教育的技法化倾向；二是艺术教育的鉴赏化倾向。前者偏离了中小学艺术教育的方向，以画、唱、跳等艺术技能等级为评判标准，是对艺术教育的美育真谛的误解。后者则更多表现在高校美育中，特别是非艺术专业大学生的艺术教育大多是艺术鉴赏，这一观点得到大多数美育和艺术教育专家的认可。但仅有这种艺术鉴赏的高校美育是不完整的。由前文调查得知，有相当一部分大学生没有艺术教育经验或相关的艺术技能，在此基础上的艺术鉴赏无法激起大学生心理上的审美涟漪。事实上，艺术方面的知识是个人审美素质和人文修养的重要组成部分，对传世音乐、美术作品的感知与欣赏能力极大程度上影响大学生学习与生活的情趣。因此，艺术相关的知识必须作为高校美育课程的一部分。高校美育要从大学生的美育经验和美育需求出发，把握美育与艺术教育的辩证关系，选择合适的艺术知识。

3. 专业审美的知识

专业审美是用审美的感觉去感知专业之美、从美的视角去赏析专业的知识，这里主要指非艺术专业。这一部分内容在高校美育中尤为重要，也严重缺失。从调查的结果看，近九成的专业未曾开设过针对专业的审美课程。审美和求知是人类的天性，分工促进了人类的发展，也将艺术与科学分离，于是"艺术在追求审美的过程中疏远了规律，科学在追求规律之中遮蔽了审美"。当人们在求知的道路上摘得诸多桂冠时，审视自己的成果便产生了美感体验，这就是专业之美的由来。大学是知识的聚集地，这里不断产生的新知识如滚雪球般黏合相关领域的知识构成一个知识系统，从最早的中世纪大学文、法、医、神四大学科分化到日益精细、数以百计的专业，人类在求真的道路上越走越远。但也正是如此，求真和审美分工越久，分化也越深。但学者们很早就对真与美关系做了论述，如英国博物学家赫胥黎将其比喻为硬币的两个面，当代科学史奠基人萨特将科学、宗教和艺术比喻为三棱锥，越到顶端越能感觉到三者的统一等。高等教育的学习是以专业为基本单位，大学生在本科、硕士和博士的学习历程中不断深化对本学科的认识，为学科的美学审视提供了条件。

4. 跨界审美的知识

跨界审美是指一切对人的思想和行为产生约束的事物，跨界就是打破或超越原有障碍的过程，在高等教育中就表现为不同专业、不同学科之间的界限。在横向上表现为不同元素的改变与重组，不同学科、不同专业、不同组织或不同文化的交叉跨越；在纵向上表现为序列、阶段的超越与重组。在现实生活中，跨界的表现形式是具体而多样的。互联网与产业融合，是产业形态的跨界；京津冀合作处理大气污染，是行政区划的跨界；电影人举办演唱会，是艺术创作的跨界；等等。在这一行为的背后是各种要素的跨界联结，即视点。视点的内涵非常丰富，它可以是一个概念、一个原理、一种方法、一种技能，也可以是感知的突出点、情感的焦点、注意的中心、结构的支点等。视点是个体对事物变化进行跨界认知的重要因素。现代审美问题的研究是伴随审美现代性不断突破的进程而进行的，美学以独有的情感法快速实现了审美领域的互联互通，各种艺术组合又创造了新的艺术形式。他们按照艺术的规律重组艺术的视点，无论是美术的色彩、造型、构图和材料，还是音乐的节奏、旋律、和声都是审美视点，又或者在非艺术领域，如物理学，现象、实验和理论三个层次的视点分别表达了物理学的美。相对于高等教育而言，不同的领域、不同的专业中都蕴含着美，关键在于这种学科之美基于哪些学科视点。这是跨界审美的重点所在。因此，这里尝试提供跨界审美的美育课程内容的一般架构，辅以跨界审美的实例。

当然，更重要的是充分实现跨界的美育，培养学生跨界的审美能力，让大学生用审美的眼光看待周围的环境、生活乃至人生的发展，这就引导学生进入了审美教育的最高境界 —— 人生的审美。高校美育最终应当成为大学生世界观、人生观和价值观的塑造者。

（二）补偿与发展金字塔式课程内容体系建构

高校美育课程的内容极为复杂，需要按照一定的原则和形式进行组织，以便进一步形成实体的课程并付诸教学。

1. 课程内容的组织原则

泰勒在《课程与教学的基本原理》中明确提出了课程内容组织的三大基本原则，即连续性、顺序性和整合性。其中，连续性是指直线式地重申主要的课程要素；顺序性强调每一后继经验建立在前面经验的基础上，同时对内容作更深入广泛的讨论；整合性是强调课程经验的横向关系，将课程学习同个人生活结合起来。有学者对此三原则进行修订，提出"连续性、整合性、系统性"三原则，分别强调课程内容在纵向、横向的秩序和综合的关系。对高校课程而言，其目的是发展理性思维，而美育的目标更强调涵养感性情操。但是由于基础教育美育的缺失，这种高等教育的美育似乎难以实现，二者间有背道而驰之意。实则不然，发展高校美育必须秉持补偿的价值导向，可以将连续性、整合性两种原则作为高校美育课程内容组织的参考原则：①连续性原则是美育课程内容在美育阶段性目标上的多重陈述。首先，美育课程内容按照复杂程度进行排列。美育课程始终以比较简单的基本知识为起点，以相对难的艺术技能技术和专业审美为中介，强调审美的跨界形成审美化的生活乃至审美人生，这是大学美育的最高目标，也是整个美育的最高目标。其次，美育课程的知识是按照从理性到感性再到理性的层次展开的，大学美育是从理论开始，补偿性的高校美育则缺少了相应的美育经验，技能训练和专业审美提供了一定的审美经验，感性的审美得到补偿，通过跨界的审美教育升华感性经验，获得理性的人生体验。最后，一般高校美育课程的内容比较单一，美育教程以美学原理为主体或者仅仅依靠一门艺术鉴赏实施美育，难免出现美育的残缺现象，连续性的原则是针对这种倾向，有利于实现完整的美育。②整合性原则是针对课程内容的横向组织，将课程内容同学习者的学习经验合理匹配。首先，高校美育课程既是美学、艺术学知识的整合，也是美育知识和美育实践的整合，必然要将它们组织为一个可以实施的课程或课程模块。根据美学和艺术学的差异，则需要整合美学基础知识、专业审美实践和艺术学基础知识、艺术审美实践；根据美育知识、美育实践的差异，则需要整合美学基础知识、艺术学基础知识和艺术技能、专业审美实践。其次，大学学习是以概念为基础的。美育课程的概念涵盖了美学、艺术学和专业三大领域，概念的整合是重点内容。课程内容的组织就包括这些知识间的联通，如将美学知识应用于专业上，整合为专业审美的概念。

2. 课程内容的组织方式

确定组织课程内容的原则后，应注意到具体的课程设计活动是如何进行的。这一结果是要使学生容易理解知识的联系，迅速把握整个课程的基本结构。对美育课程内容的组织方式，学者作了诸多探索，如点线面体课程结构。所谓点，是最经典、最具概括性的审美知识要素；所谓线，是点的延伸轨迹或点连接构成的知识单元，反映知识由浅入深、由近及远、由低到高的关系；所谓面，是相同学科相同教育阶段知识之间的联系；所谓体，是不同学科之间具有相同属性的多点、多线条、多面之间的有序而复杂的集合。这种组织方式为高校美育课程内容的组织方式提供了内在逻辑的借鉴。在此基础上，高校美育课程外在形式还要采用两种方式：①嵌入式的结构。嵌入式是计算机领域的术语，指"以应用为中心，以计算机技术为基础，软件、硬件可裁减的专用计算机系统"，嵌入的模块功能完整，既可以独立进行运作，也能进入整个体系进行操作。高校美育课程涉及多个学科，内容十分复杂，如艺术技能的训练、艺术知识的学习都是以一类艺术为学习的载体，这就需要使用嵌入式的结构，将这一学习过程嵌入美与艺术基础知识和跨界审美知识之间。②话题式的分布。话题式的课程是围绕一个主题架构知识，形成不同内容的整合体。这是由于即使在嵌入式的课程基础上，嵌入的模块仍然有大量的学科知识，高校美育课程难以完成全面的教学任务，故而课程设计需要采用典型案例的方案，以话题的形式组织课程内容。这种形式能最大限度地保持知识间的联系，促使美育知识或审美活动始终为一个有意义的整体，又能最大限度地照顾大学生的不同需要。

综上所述，美育课程内容是以美的基本知识和艺术的基本知识为基础，以艺术训练为补偿性美育、以专业审美为发展性美育，完成跨界的审美，达到审美人生的境界。一般而言，审美应该由感性开始，所以高校美育也是建立在基础教育美育感性经验的基础上。但正是由于基础教育缺失这种现实情况，高校美育必须承担起补偿的责任，把感性经验建立在理性理解的基础上，用审美知识去指导审美实践，这也是由高等教育的规定性确立的。

第三节　高校美育课程建设的方法

我国的高校美育在具体教育实践中运用、创造了多种美育方法，并仍在不断发展完善。但我们从以美成人的视角审视美育方法，还是会发现一些问题，比如主要教育方法及形式过于单一，重知识传授、轻情感与实践体验；教育过程中不管教育者还是受教育者都有一种急功近利的心态，浮躁短视。表现在现实生活中就是，在激烈的竞争和来自学校和家长的高期望值下，学生只追求高分，结果使一些学生片面发展，出现人格不良的情况。根据对于以美成人的美育的基本定位，结合当前高校美育方法的现实问题，在高校开展以美成人的美育要以知识传授、实践体验、环境熏陶、自我教育、情感共鸣和朋辈交流等为主要方法，并注重以上方法的综合运用。

一、知识传授

美育中的知识传授法是指将美育的基本知识或常识通过课堂教学等方式直接传受教育者的方法，是高校美育中最基本、最常用的教育方法。

知识传授的方式多种多样，主要有知识讲授法、学习宣传法等。知识讲授法是教育者通过口头语言向受教育者传授美学理论的教育方法，这是一种使用最多、应用最广泛的理论教育法。运用知识讲授法必须注意几点：注意讲授内容要正确，讲解的知识、概念应具有科学性；讲解既要全面、系统，又要找到理论与实践的结合点；讲解要采取启发式，循序渐进地引导，防止注入式、填鸭式。学习宣传法是运用各种传媒方式和舆论方式向学生传授美学理论知识的方法。这种方法主要通过邀请专家给学生开展一些美学知识讲座、读书辅导来宣传美的思想，引导学生的思考。理论宣传法系统性强，覆盖面大，影响范围广，它不仅影响受教育者，而且能营造良好的舆论环境，促进和引导学生自觉学习。

知识传授法具有以下几个基本特征：一是直接性，即在审美教育的过程中，教育者与受教育者都明确意识到在开展或接受教育。这一特征要求受教育者必须发自内心接受教育。二是系统性。知识传授是一个较长的教育过程，面向比较稳定的受教育者群体，开展教育的时间和地点也比较固定。这就为教育者进行充分的教育准备，完整系统、有目的、有计划、分步骤、分阶段地开展审美教育并提供了现实可能。三是易普及性。知识传授简单易行，一般意义上，只要有一两名专业的美育理论教育者和足够大的教育场所，就可以面向上百名甚至数百名受教育者同时开展。

在课堂上普及美育，教师不仅要传授美学基本理论知识，还要引导学生认识美的起源、本质、规律，认清审美对象的价值，掌握欣赏美和创造美的原则和基本方法。在日常学习、工作、生活中，让学生亲身体验客观世界和人自身的美，对真善美和假恶丑进行比较鉴别，予以正确评价。如在讲授"社会美"这一问题时，可引导学生对照自己找出差距，确定目标，不断完善自我，找准自己的定位。学生对美的认识和体会总是感性的东西多一些、理性的东西少一些，因此难免美丑不分、高下难辨。通过美的知识和理论的学习与传授，从理性上帮助学生认识美的本质、规律、范畴、形态，了解各种艺术的基本常识，从而提高学生欣赏美的能力，促进学生人格的和谐发展。

二、实践体验

实践体验，强调的是受教育者在实践过程中社会化并形成对美的理论原则的更深刻和准确的认识，提高其审美、创造美的水平与能力，使身心得到和谐发展。体验基于亲身实践，它必由自己的感官、自己的认识领悟、自己的情感和生命体验达成"意义世界"和"价值世界"，最终形成对美的态度。"在体验世界中，一切客体都是生命化的，都充满着生命的意蕴和情调"。体验"可以超越经验达到理性；超越物质，达到精神；超越暂时，达到恒久"。

以美成人的美育中的实践体验是学生亲历对象引起的心理变化的活动。亲历是实践体验的本质特征，既包括实际的亲身经历，也包括心理上虚拟的经历，即亲"心"经历。实践体验是一种综合性的反应，是知情意行的统一活动。通过实践，人的一切外在现实主体化、内在化，成为人内心生活的有机成分。

实践体验法在以美成人的美育中起着不可替代的作用。通过组织大学生感受现实审美生活，一方面可以使其在感性认识的基础上验证已经学习掌握的美育的知识和理论，有利于巩固审美理论教育的成果；另一方面可以在实践体验中获得新的感受，使个体的审美需要得到满足和提高，促进学生身心的协调发展。

在美育过程中实施实践体验法时要遵循以下原则：一是要建立实践体验的长效机制。实践、认识、再实践、再认识是一个无限循环往复的过程。大学生的审美观具有一定的波动性，期望仅依靠一次的实践活动就能提高审美能力是不现实的。应当建立审美实践的长效机制，根据新时期大学生美育的新形势、新问题，灵活运用和积极创造各种适当的实践形式，逐步提高大学生的审美观和审美创造能力，促进学生人格的全面发展。二是要对实践体验的过程加以指导。未能进行科学组织的实践体验往往容易停于表面，流于形式。要想取得深入的教育效果，就必须对实践过程加强指导。首先，要从高校审美价值观现状的客观需要出发，制订体验计划。其次，要在体验过程中指导学生有目的地观察记录。最后，要给学生提供相关理论支持和比较参考对象，指导学生深入理解，使学生产生思想和情感的共鸣，从而获得美的享受和受到深刻教育。

三、环境熏陶

大学生思想活跃、情感丰富，又有一定的文化知识基础，多数学生身上具有诗人的品格和浪漫主义的气质，其情感易被激发。生活环境本身就是学生学习的重要组成部分，与他们联系密切。将审美价值观教育融入他们熟悉的生活，运用环境熏陶感染对他们开展教育往往会事半功倍。社会、家庭和学校构成了学生生活的整个环境，对于大学生来说，校园是他们学习和生活的主要场所，具有校园特色的人文氛围、校园精神和生活环境是美育的重要途径，同时也对大学生人格养成具有重要的作用。因此，以美成人的美育中环境熏陶法的主要载体就是校园文化。

大学生的健康成长离不开健康的校园环境，大学生的素质教育离不开良好的校园文化氛围。首先，建设良好的校园环境，让学生一接触便感到赏心悦目、舒适得体，还会引导人的审美情趣、审美格调的提升，是一种强大的教育力量。具有一定文化观念的和谐的建筑构造，绿树婆娑、花木扶疏的校园绿化，干净、整洁的教学生活环境无不让学生感受到文化、文明和美。其次，开展校园文化活动为学生发现美提供了很好的途径，增强学生的心理体验。发现美是审美的前提。学校里的各种社团组织以及组织开展的活动，如读书会、演讲会、朗诵会、文学社、科学兴趣小组等，从读书、影评、音乐会等活动中发现、体验艺术美。艺术美以其巨大的美的形象感染力，震撼学生的心灵，滋养和熏陶学生的情操，逐步增强学生对真善美的心理体验。最后，在学校中，科学的教育管理制度、民主的教育方式、良好的校风学风、平等和谐的人际关系、丰富多彩的文体活动、良好的校园文化氛围，犹如纯净的空气、适时的春雨，让学生潜移默化自觉成才，对学生的健康成长具有积极作用，使他们的行为、语言乃至心灵受到熏陶，构筑起高尚完善的人格，使个性品质得到全面发展。

运用环境熏染法，需要把握以下几个原则：一是形式上要喜闻乐见，要具有一定的吸引力和感染力，这样才能获得学生情感上的共鸣，达到熏陶教育的目的；二是注重发挥学生的主体性作用，引导和鼓励学生多参与各类文化活动，多创造高水平的文艺作品，让学生在参与和创造中受到感染。

四、自我教育

美育中的自我教育法是指受教育者按照审美目标和要求，通过自我学习、自我修养等方式发自内心地接受美、欣赏美、创造美的方法。

青年正处于青春期，这是从少年向成人的过渡期。这时的青年在心理上的独立意识已经形成，有较强的思辨能力和观察能力。他们常常以批判的眼光看待事物，更相信自己的判断。因此，高校阶段正是人的思维方式的塑造时期，也是世界观、人生观、价值观的形成时期，对人格发展有着极为重要的影响。

以美成人的美育中的自我教育法具有自觉性和主动性的特点，是受教育者为了提高自己的审美能力而进行的审美活动。它依据的主要是辩证法中外因通过内因起作用的原理。只有包含自我美育的美育才是真正的教育，因为教育者的教育活动只是一种外因，永远不能取代教育者的认识、内化活动和实践外化活动。

自我教育在以美成人的美育过程中具有十分重要的作用，是提高大学生审美水平，完善大学生人格的有效途径。自我教育的作用：一是有利于教育者和受教育者融为一体。以美成人的美育是他育与自育的有机结合。教师的他育是学生自我教育的基础和前提，而自我教育是教师教育效果的关键和保障。自我教育充分发挥受教育者的主观能动作用，使教育者自觉、主动、积极地进行自我学习、自我修养，提高了受教育者的审美水平，塑造了大学生健全的人格。二是有利于增强教育者的自我教育能力。"教是为了不教"，受教育者只有具有自我教育能力，才能自立、自为。因此，以美成人的美育自我教育过程，实质上是一种提高学生审美修养的过程。在自我教育过程中，学生自我学习、自我发现，逐步提高了审美能力，完善了审美心理结构，增强了人格的协调性。

美育过程中实施自我教育法时要注意如下问题：第一，强调自我教育与强调他教是高度一致的。在美育中强调自我教育，是基于美育的个体性和美育目标实现的自我建构性，但绝不意味着可以降低对美育实施者的要求，相反，恰恰是提高了对教师的要求。实施自我美育要求美育实施者必须具备更高的教育责任感和教育艺术修养。第二，自我教育实施个体的教育，强调个体在美育中的责任和积极性。强调自我教育，同时强调了学生在互动交流中实现的个体审美培育。第三，自我教育不是故步自封、闭门造车，而是强调个体要勇于在生活实践中受教育，要把理论学习、艺术体验和社会实践紧密结合起来，在实践活动中不断提高自己的审美能力，养成良好的人格品质。

五、情感共鸣

美育的情感共鸣法是指在美育过程中，教师将自己丰富的情感融入美育之中，拨动学生的心弦，使师生在情感上产生共鸣、在认识上达成共识，进而提高教学效果的方法。它是融传授知识、提高觉悟、培养能力、完善人格为一体的全方位的方法。美育注重教育对象的情感调动和情感激发，一个人人格的发展总是一个客观对象逐渐内化为个体情感的过程。由此可见，它不能单靠说教来达到，更主要的是在情感的熏陶下，在自身的情感体验中得以实现。

在实施以美成人的美育情感共鸣法的时候，必须坚持和把握好情理交融的原则。这实质上要求在审美过程中表达出的感情必须是经过普遍认可的、能够激发人积极进取、培养人美好情操的情感，不应该是"庸俗之情"。在实施情感共鸣法的过程中要贯彻健康有益、格调高尚的基本要求，启发大学生理性思考，引导学生注重精神和情操的陶冶，牢固树立正确的世界观、人生观和价值观。

大学生审美活动的情感性，决定了在实施以美成人的美育时，要注意情感因素的设置。其表现形式体现在教学氛围、教学过程、教学语言、教学手段四个方面。在教学氛围培养方面：通过创设愉悦的育人情境，提高美育的效果使学生在愉快温馨的教学气氛中，潜移默化地提高审美能力，净化心灵。在教学过程创设方面要能充分体现学生的主动性、独立性、体验性。要在教学中，有意识地设计让学生主动靠近美、接受美的环节。

优美的环境，自由的讨论，启发性与愉悦性相结合的教学艺术，使整个教学过程既热烈紧张又轻松自由，激发学生的兴趣和热情，引导学生积极思考与探究，使学生自己去领悟美育的意蕴。这种将丰富的情感融于具体的教学过程之中，达到情感共鸣效果的教学方法，正是以美成人的美育的显著特征。

第四节　高校美育课程开发的保障体系

随着党和国家对学校美育支持力度的持续加大，高校美育工作逐步成为高级人才培养不可或缺的环节。高校美育课程的设计工作是一个十分复杂的系统工程，涉及大学内部各个部门、不同专业的职能人员、师资甚至学生间的配合。鉴于大学发展本身的规律性和当前经济社会条件下大学的情况，这一进程不得不依赖于学校制度、师资队伍的支持。

一、高校美育课程的制度保障

在我国的高等教育体制下，美育大多数时间扮演着隐形人的角色，即便在党和国家提出"德智体美劳"全面发展的教育方针下，仍然出现"外热内冷"的现象，没有强有力的制度保障是重要原因。学校制度是学校运行的经络，涉及从大学章程、各级各类管理制度到专业培养方案规定大学运行的各个环节。美育课程设计工作从理念设计、课程编制到课程实施、评价等一系列活动，无不依赖于管理制度的规范性和强制性。

（一）加强美育工作领导，制定相关工作规范

纵观新中国成立以来高校美育的发展过程，受教育政策和管理制度的影响，美育建设呈现出明显的非连续性，没有强有力的制度保障，导致高校美育学科的建设迟缓，建设水平难以满足学生发展需要。此外，给大学美育课程建设带来冲击的是日渐增强的实用主义知识论，大学课程对专业知识的关注远远超过美育知识，优先考虑如何促进学生就业。这就需要高校全面狠抓美育工作的领导与管理，通过政策规制等手段扭转美育消亡的困境。

其一，成立专门的美育领导小组，全面负责学校美育课程管理工作。由分管相关事项的学校领导牵头带动各职能部门负责人、各二级培养单位负责人及师生代表组成美育工作小组。美育课程的设计与建设工作并非某个职能部门的任务，而应该由学校各级各类部门通力合作，主管学校思想意识形态工作的党委部门，如组织部、宣传部等，要将美育思想与党的教育方针结合起来，向全校全体师生普及；主管学校本科生教务工作的教务处，应制定相应的本科培养学分要求等；主管研究生教育工作的研究生院，应制订相应的研究生培养计划等；主管学校财务的财务处，给予各培养单位美育课程经费的便利；主管学校科学研究工作的科研处，应加大对美育的研究力度，特别是课程开发项目，以及各二级培养单位的配合等。其二，要针对学校发展定位和自身特色，制定美育工作方案。自《意见》颁布以来，各省市自治区分别发布地区特色的实施意见，诸如《江苏省政府办公厅关于全面加强和改进学校美育工作的实施意见》《重庆市政府办公厅关于全面加强和改进学校美育工作的实施意见》《新疆维吾尔自治区关于全面加强和改进学校美育工作的实施意见》等，直接为各地区高校建设美育课程提供了政策规划。部分高校也制定了美育改革与发展工作方案，提出了美育课程建设的具体措施等系列要求，学校美育工作方案直接规定学校美育工作，如某高校发布的实施方案提出五点措施："加强面向全体学生的艺术课程建设、突出综合美育课程建设、加强美育课程与教学现代化建设、加强美育潜在课程建设、注重美育与专业教育紧密结合"，基本架构了美育课程体系，为学校美育课程设计提供了强有力的保障。其三，拨付专门的美育研究与实践经费，制定美育拨款专项制度，给予美育主管机构一定的经费自主权，将美育教师课时费用、科研基金立项

统一纳入美育专门经费管理，这是开展美育课程的保障。

（二）修订专业培养方案，增加美育育人要素

培养方案是大学专业的培养计划，是高等学校根据不同层次、不同专业的培养目标与培养对象制订的具体计划，是高等学校专业人才培养的蓝本。专业培养方案对本专业人才培养目标与模式、毕业要求、课程设置和考核评价等内容作出了具体计划和要求。因此，专业培养方案增加美育的要求能够有效增强学校建设美育课程、学生学习美育课程的主动性。

首先，专业培养方案应在培养目标上进行修订。从某院校非艺术专业培养方案看，培养目标是承接学校人才培养定位和专业相结合人才要求，修订培养目标要注意对学生基本审美能力和专业审美意识的培养，特别是学生毕业后经过五年的实际工作锻炼更应该形成对本专业的审美认识。其次，专业培养方案应在毕业要求上进行修订。毕业要求是对学生毕业必须具备的知识能力素质的具体的要求，直接关系到学业期限内的课程设置、学分学时分配等关键因素。

课程设置主要包括课程表及指导性修习计划、培养体系学时学分分配表等信息。从课程表看，有关美育的课程主要是在第六学期开设两个学分的艺术类通识选修课。但仅仅通过这一门选修课程培养大学生的审美素质远远不够，缺少关键性的专业审美课程，需要将美育融入专业教育，与专业教学相结合，提高美育课程系数。

（三）完善美育学分制度，优化美育学分转换

学分是指每门课程需要完成的课时计量单位，通常需要完成一个学期内规定课堂学习时间并达到规定的质量要求。可以认为，学分对于大学生学习具有督促作用。在培养方案中，大多已经对学分要求作出规定，但始终局限于两个学分的通识选修课程。美育学分应该包括广泛的审美实践活动，将学生参与的校内外各级各类活动认证为相应的学分。事实上，《意见》指出，"美育实践活动是学校美育课程的重要组成部分"，美育课程不仅包括美和审美知识，还包括各种各样的审美实践活动。因此，美育学分制度还要完善包括实践课程、课外活动、校园文化活动在内的学分认定办法，对于大学生参与学生社团、参与校院举办的各类

艺术活动分配指导老师，并加以考核给予相应的成绩和学分；对于学生参与的由学校宣传部、学工部或各二级学院组织的美与学术讲座、汇报展演和文化沙龙活动，经学校教务部门审核认定为相应的成绩和学分；对于学生参与的社区乡村文化审美与艺术活动、学习民间优秀传统技艺活动、参观美术展览并做汇报展演等考核表现，给予相应的成绩和学分。其中，应注意两点：一是如何争取美育学分，而不局限于两个通识性选修学分，或采取分化的方式，将两个学分细分到各种形式的美育课程中；二是如何获取这些活动的质量标准，即衡量学生是否在活动参与中提高了审美素质，这需要对美育课程的制度规定做进一步的探讨。

二、高校美育师资的跨专业跨校联合

教师是学校教育者的主体，高校美育教师更承担着高校美育课程研究、设计和实施的重任。相比其他课程的教师，美育教师需要更多的专业知识与技能，包括教育知识与技能、艺术知识与技能以及美学知识，如此才能形成对美育的正确认识，不偏不倚地进行美育课程研究。

（一）美育研究中心提供智库服务

从本质上来说，美育不仅是艺术的美育，更是自然、社会和科学的美育，美育是跨界的。相比各专业教研室、教授工作室等，美育师资更需要聚集地。大量美育、美学研究中心提供了这样的平台，如山东大学于 1999 年成立的文艺美学研究中心、西南大学于 2001 年成立的美育研究中心、北京大学于 2004 年成立的美学与美育研究中心、四川师范大学于 2013 年成立的美学与美育研究中心、东北师范大学于 2014 年成立的中国学校美育研究中心等。2015 年来，在《意见》的指导下，更多高校成立了美育研究机构，如清华大学依托美术学院成立美育研究中心、首都师范大学独立设置教学与科研实体机构的美育研究中心、湖南师范大学成立美育发展与研究中心并作为美育教学指导委员会等。另外，一些高校虽然没有设置美育相关学科，但是与兄弟院校进行合作或者参与政府或民间组织的美育管理或研究机构，如中国国家画院成立数字艺术研究所、美育研究所等。

一般而言，美育研究中心的主要职能：一是美育科学研究，通过平台立项课题，推进美育研究；二是美育学术交流，通过举办各类美育研讨会，交流美育实验成果；三是美育课程建设，通过美育专家整合，开发优质美育线上线下课程；四是美育师资培训，通过平台制订系统的计划对幼小中大教师进行美育培训，以及其他美育研究中心能够承担的工作。如清华大学美育研究中心工作重点包括：一是美育课题研究；二是全国中小学美育示范区建设；三是美术教育研讨会；四是美育网络资源共享平台建设；五是美育师资的培训和培养计划。事实上，这仍反映了美育研究中心作为大学组织中一部分所承担的教学、科研和社会服务职能。美育研究中心集合了学校音乐学院、美术学院、艺术教育研究中心、教师教育学院、文学院以及具有审美素养的其他专业教师，参与到高校美育课程建设中，对学校美育课程开发、美育教学实施、学生审美素养评价等问题开展研究，对美育实践中产生的问题发挥着智库作用。

（二）资深教授参与美育课程设计

从美育课程的要求看，高校美育课程设计乃至于实施需要学科专家极为精湛的专业知识和独到的审美能力，需要不同学科专家教授的紧密合作，其中教育学、艺术学、美学三种学科是美育课程不可或缺的组成部分。对各个专业而言，如何发现、选择和组织专业审美的内容体系并将之有效传授给学生更是课程设计面临的最紧要问题。但长期以来，大学教师在日常教学和科研活动中，往往是以"独行侠"的身份解决各种问题，加之高校科研、教学活动与职称评比挂钩，即使是同一个专业的教师也存在竞争关系。这无疑给美育课程建设带来巨大阻力。

因此，推进美育课程设计工作需要鼓励和组织学校各学科专业的资深教授进入美育课程研究领域，依靠美育研究中心等机构，深入合作。按照2003年教育部启动实施的"高等学校哲学社会科学繁荣计划"，对资深教授的基本要求是拥有三十年以上的教龄、在各自从事的学术领域取得杰出贡献的教学科研人员。从资深教授的优势来看，一方面，数十年的教学科研积累，资深教授对各自的专业领域有广阔的视野、高超的站位和全新的理解，更能感受和总结学科专业的审美认识；另一方面，学校给予资深教授的教学和科研任务往往较少，其有更充足的时间参与专业审美总结概括。从合作的形式看，主要有两种：一是以课题组合作形式，将美育课程设计打造为课题立项，以美育课题为载体推动资深教授间、资深教授与年轻教师之间、不同学科间教师的合作，美育课程设计项目以团队的形式开展，充分实现民主自由、资源共享，促使不同专业的美在团队中流动，按照美的规律组织课程内容。二是以专业对话合作的形式，来自不同学科的资深教授掌握专业领域的学术资源，以他们对专业的审美理解，通过相互间交流沟通、碰撞补充，从而对自己专业有新的看法并进行、总结。当然，这些合作应以审美为核心，以充分挖掘专业之美为目标，深度参与、跨界参与美育课程设计。

（三）青年教师参与美育课程培训

为加强美育师资建设，发挥美育示范辐射作用，高校需要加强美育师资的培养，这主要体现在青年教师的培训上。一般认为，大学教学在目标、内容、评价上都需要教师有很高的专业性，要求授课教师将课程知识传授给学生，教会学生专业技能，除此以外极少关注其他方面，美育恰恰就在被专业教育忽视的夹层。教育部 2019 年 2 号文件《关于切实加强新时代高校美育工作的意见》指出，"配齐配好美育教师……加大教师教学岗位激励力度"，青年教师的培训是高校美育课程设计与实施所必需的过程，是高校美育乃至于整个美育事业的重要组成部分。值得庆幸的是很多院校已经注意到这个问题，以重庆市十三所美育实验高校为例，其都在中期工作情况总结中提到美育师资培养的问题或成就，大多数学校采取培训的方式在一定程度上解决师资问题。如通过统筹学生处、培训学院、教师教育学院、教学发展中心等部门，在新进教师岗前培训、辅导员培训、教师职业资格培训、教师教学能力培训等各类师资培训中心融入美育理念和内容，设置美育培训专题等；或者通过邀请校内外美育专家参与美育教改专题研讨、教学改革观摩示范，支持教师进行美育进修和到艺术团进行实践等。

第五章　高校特色美育文化实践探索

第一节　自然美审美实践

一、自然美的形成与特征

（一）自然美的形成

所谓自然美，是指现实生活中自然事物、自然现象及其关系所呈现出来的美。它能激发人们的情感体验，是一种天然的、有意味的形式美。诸如日月星辰、山水树木、花鸟鱼虫、园林田野等，都属于自然美。

自然美是社会实践和社会生活的产物。在人类出现之前，日月星辰、江河湖海、山川小溪、花鸟鱼虫等自然景物早已存在，但没有人对它们进行审美评价，大自然本身无所谓美丑。人类出现之后，最先需要解决的就是生存问题。在早期的人类眼中，大自然是作为一种异己对立物存在的，人类要征服自然获得物质资料，就不可能将它看作审美对象，也发现不了大自然中的美学价值。随着人类社会的发展，物质资料的满足让人们开始重新审视自然界，自然界中的有些事物才被认为是美的。随着人类审美能力的提高和认知的进步，人类认为的自然美在不断增多。

自然美是在人与自然的关系中产生的，是人类历史发展的产物，是一个自然事物的客观性与社会性相统一的过程，即"自然的人化"的过程。正是通过生产劳动，人与自然的异己关系发生了根本性改变，而人在与自然交往的过程中，审美的本质力量不断得到丰富，逐渐形成能够欣赏自然美的审美能力。毫无疑问，我们强调使人的本质力量对象化到自然物上的社会实践，它是构成自然美的决定性因素，并非否认自然物的某些属性（诸如生物的、化学的、物理的，以及结构形式的属性等）同自然美的关系。事实上，这些属性的意义也不可忽视，它们也是构成某一自然事物的特定美的物质条件。

（二）自然美的特征

自然美作为一种天然的形式美，它的美既决定于自然属性，又决定于它的社会属性。它主要具有以下几个方面的特征。

1. 丰富性、自然性

自然界中的美是千变万化、种类繁多的。从天上到地下，从水中到陆地，从日月星辰到花鸟树木，有着多姿多彩、形态丰富的美。其丰富性、自然性是其他一切美无法比拟的。人类无时无刻不在跟自然接触，自然美是人类进行艺术活动时所有灵感的源泉，也是一座取之不尽的素材宝库。跟其他任何形式的美不同，自然没有人工雕刻的痕迹，保留着纯真、古朴的天然本色，有着清水出芙蓉、天然去雕饰的魅力，陶冶着人们的审美情操。

2. 寓意性、象征性

随着社会认知的发展，人类不仅懂得欣赏自然界中的美，还将自然界中的事物同社会生活联系起来，赋予其一定的人格。这种隐含的寓意一般通过暗示、象征体现出来。例如，松树四季常青，不畏风雪，人们将它看作坚毅不屈的代表；"春风起，万物生"人们将春风比作生机和生命；等等。历朝历代的文学艺术家，总是喜欢赋予自然界中的事物"某种特征"，使其成为人的精神意志的代表。比如，宋朝的周敦颐赞美莲花"出淤泥而不染，濯清涟而不妖"，将莲花拟人化，赞美它如同人一样的高洁的品质；"可远观而不可亵玩焉"，莲花像品德高尚的人一样令人神往，但不可亵渎。同时，也将莲花的自然属性"不蔓不枝""亭亭净植"同人类联系起来，暗示着作者对理想人格的向往。人们赋予自然界中物品象征性的意义，以美好的寓意陶冶人的情操，触动人的心灵，使人的精神获得提升。

3. 变易性、多义性

自然界中美是不断变化的，自然美是"自然的人化"，因此自然界中的事物既遵循自然界的变化规律，又受到人类社会实践的影响，从而呈现变易性和多义性的规律，以及不同的审美特征。这样的多变性表现在阴晴的变化、朝暮的变化、四季的变化、方位的变化等方面，从不同时空角度欣赏同一审美对象，就会有不一样的审美感受。春花秋月、晨曦夕照、月夜花朝……自然界的时空变换带来了多姿多彩的美丽，大大拓宽了人类对自然美的想象。

二、自然美的审美指导

（一）培养善于捕捉和发现美的眼睛

我们生活在美丽的大自然中，自然美无处不在，无时不有，关键是我们要善于发现自然界中的美。正如罗丹所说："世界上并不缺少美，而是缺少发现美的眼睛。"生活只要留心，处处都能看到美。清晨出门，朝霞映照在树木成行的小路上；黄昏散步，公园里花香扑鼻、奇花异草争奇斗艳；夜晚静坐窗前，月光如水般倾泻而下，伴随着窗外清脆的虫鸣声，宁静美好。只要有欣赏美的能力和心情，就会敏锐地发现，生活中处处有美好的事物和景色，充满着自然赋予我们的美丽。

对美的欣赏，大部分时间是通过视觉感觉完成的。除此之外，还可以通过听觉、嗅觉、触觉等其他感官，来捕捉大自然中别样的美。例如，山间小溪流叮咚流动的声响、大海中波涛冲刷岸边的声音、幽深丛林中的鸟叫声、空山深谷中的回响声，种种自然界中的声音都能带给人美的享受。再如，可以抓起一把潮湿的沙子，感受它的松软；盛夏靠近奔腾而下的瀑布，感受溅起的小水雾飞到身上的凉爽感；用鼻子靠近盛开的花朵，深嗅花朵的芳香……触觉和嗅觉带来的感受，也能够让我们体验自然赋予人类的无穷无尽的美。人在欣赏美的过程中，并不是单一地使用某一感官，而是会不自觉地调动所有的感官使之发挥作用。所以，我们在欣赏不同形式的自然美时，要善于调动感官去获得更多美感享受。

（二）善于选择最佳的时空与观景角度

自然美有无比丰富、生动的长处，也有零散、杂乱、易变的短处。因此，进行自然美欣赏时必须注意对自然景观的选择，取其精华，弃其糟粕，扬长避短。

首先，是节令、气候的选择。自然景物的美往往瞬息万变，稍纵即逝，如雨后的七色彩虹、峨眉金顶的神奇佛光、沙漠里的绿洲幻影、蓬莱仙岛的海市蜃楼等。即便是一日之中，早、午、晚的风光也有差异，因为同一景物在不同的自然环境中的面目大不相同。它要受到阳光日照和雨雪风雾等各种因素的影响。晨曦和黄昏的景色之所以格外迷人，就在于旭日和夕阳那灿烂而柔和的光色熏染，或洋溢着生命的朝气，或蕴含着眷恋的情怀，俱能使人流连忘返。

至于雨雾风霜，人们常担心它对自然美欣赏产生负面影响，其实在不少情境中，它们不但无损于自然美，还会增添某种特殊的诗意和情趣。例如，在淡淡的细雨中泛舟漓江，便能领略到一种晴日无法见到的朦胧美；在飘忽的云雾中登上张家界的天子山，群峰壁立，忽隐忽现，真如仙境。

其次，欣赏自然美的空间选择也非常重要。先要了解对象本身的特点去确定欣赏的位置和角度。拿我国几座名山来说，泰山"雄"，因此去泰山必须登高，且要登上山顶，方能尽览四周无根平川，感悟"会当凌绝顶，一览众山小"的雄伟气势；黄山"奇"，有奇石、奇松，更奇的是云海，所以登黄山须选有云之时，登上天都峰诸高点观赏那云海中奇峰出没、如梦如幻的美景；华山"险"，必须专门去攀登千尺幢、百尺峡、苍龙岭等险关，方能领略"自古华山一条路"的险峻；峨眉"秀"，游峨眉则要穿行于绿荫葱茏的山径小路和清泉叮咚的峡谷幽溪之中，才可体验其秀丽清幽的妙处。

最后，在观景时还须注意最佳角度的选择。事实上，许多惟妙惟肖、引人联想的景观，都只能在特定的景点、恰当的角度才能看到，如庐山的五老峰、雁荡山的情人岩、漓江边名目繁多的山峰景观，往往是移步换景、稍纵即逝。一般说，景观处的亭子除了点缀景色、供人歇足，主要还在于供人们赏景。例如，山间、山顶的亭子往往设在视野开阔或宜于观赏某种特定景物（观月、观瀑等）的场所，水边的台榭则多建在观赏水中倒影或宽阔水面的佳处。所以，到了这些地方应当稍作停留，细加浏览。不少年轻人爬山时常常一口气跑到山顶，照张相后即返回，对沿途景色不闻不问，这只能算运动健身，不能说是欣赏自然美。还需提醒的是，移动中的景物往往兼有一种动静交替的美，而且都是瞬息而过、变化万千的，最不能放过。所以，在一些依山傍水或鲜花盛开的田野草原行车时，欣赏行进中的外景本身就是一种有意义的旅游。

（三）把自然美欣赏同艺术美欣赏融为一体

我国是有五千多年历史的文明古国，到处都有文物古迹。我国有许多旅游风景区，将自然景观和人文景观完美地融为一体。以山东泰山为例，登泰山一边可以欣赏自然景物独特的美，如泰山日出。同时，泰山作为历朝历代帝王的祭天封禅圣地，有着十分丰富的人文景观，如殿宇、石刻、文物等，更增添了人为制造的艺术美。此外，如果我们进一步了解泰山的历史，再登上顶峰俯瞰四海，就会产生一种"会当凌绝顶，一览众山小"的自豪感，为我们国家民族而感到骄傲。艺术美不仅仅是美好事物的表现，当我们参观圆明园的残垣断壁时，它展现出来的是一种苍凉悲壮的美。我们会将它和近代历史中中华民族所受的耻辱联系起来，苍凉悲壮的景色引起我们无穷的遐思。自然美不仅能够带给人美的享受，也不同程度地体现着民族精神和文化。

自然美同艺术美是有机联系的，以自然美为题材的艺术美其实是自然美的延伸与升华。例如，贝多芬的《田园交响乐》第二乐章重点描写田园的优美风光，有小溪流水，有布谷鸟鸣，有主人公身处田园的无限欣喜愉悦。倘若我们亲身到田野小溪、园林水池，领略了大自然的美色，再听听贝多芬的乐曲，必会对自然美和艺术美都有深切的体验，获得双重的美感享受。

因此，提高欣赏自然美水准的另一有效途径是加强文史知识的学习和美学修养，在艺术与知识中汲取营养，尽力开阔自己的审美视野。文艺作品中的游记、音画、山水画、田园诗乃至名胜古迹上留下的无数楹联、诗词等，都是历代文人墨客留下的对自然美的赞歌，其中融入了他们对自然美的敏锐发现和深刻感悟，是引导我们观赏自然美的最好指南。

第二节　社会美审美实践

一、社会美的形成与特征

（一）社会美的形成

社会美是指在社会生活领域里所呈现的审美形态，即社会事物、社会现象、社会生活的美。在改造自然社会的过程中，人的本质力量充分显现，显现社会实践活动的美、社会实践成果的美、社会实践主体的美，上述三个因素构成了社会美。社会美的内容包括人的美（社会美的基本内容）、劳动产品的美、社会环境的美（主要指人际关系和社会风气）。

社会美根源于社会实践，最早是从人类为了生存而改造自然的生产活动中产生的。马克思主义认为，劳动创造了美。人在生产劳动过程中，人的自由、创造的才能和智慧、品格、意志、情感等本质力量得到了最直接、最集中的展示。人类的生产劳动作为调节人和自然关系的感性活动，是合目的性和合规律性相统一的活动，是显现和外化人的本质力量的活动，人类在劳动中看到自身的智慧和力量，把劳动和劳动的成果作为自身体力和智力的活动来享受，使精神得到极大满足，产生强烈的美感，劳动也就是创造美的活动。人类用自己的智慧和勤劳的双手，改造着自然，创造了一个又一个伟大的工程，如三峡工程、英法海底隧道、荷兰的围海造田、太空中国际空间站等，正是在这样的生产活动过程及其产品中人类体验到自身的伟大的自由创造力量，精神得到极大的满足，体验到成就感和美感。劳动创造了社会美，美是社会的产物，在不断追求美、发现美、实现美的过程中，人类的实践活动本身必然会显示出美的光彩。

（二）社会美的特征

1. 社会美侧重于社会内容

美是形式和内容的统一。自然美更注重形式，而社会美则更注重内容的表现。社会美渗透着社会关系，体现着不以个人意志为转移的社会发展规律的必然性。另外，社会美是通过感性形式即具体行为显现出来的，而具体的行为总是受到思想意识的支配，存在着行为的动机，具有主动性和自觉性。社会美与人类社会的联系非常密切，非常直接，直接显示真和善的内容，显示人的本质力量。在社会事物和现象的内容和形式发生矛盾时，其侧重内容美的特征非常鲜明。社会美的内容往往体现为一种精神力量、思想面貌、道德风范，是人类美丽心灵的闪光。因此，内容同它的表现形式相比，往往具有举足轻重的作用。比如，抗日战争中那些维护民族大义、视死如归的民族精英的美，靠的不是他们的外貌、身材，而是他们内心的光辉精神与优秀品质，它以荡气回肠的精神力量与高尚的思想品质，唤起人们内心情感上的激荡，给人们以美感和教益。社会美在很大程度上表现在内容上，不论是劳动美、斗争美还是心灵美，都会使人重视其内在的精神力量。

2. 社会美具有鲜明的时代性、历史性、具体性

社会美总与特定的社会历史条件有关，并受不同时期历史环境的影响和制约，强烈地依赖社会历史环境、科技发展水平、社会风气和生活习俗。它随时代而变、随历史而进，在不同的历史时期呈现不一样的审美标准。历史唯物主义原理告诉我们一个规律：一个具体社会的美与丑，只能在它的历史地位与功能上加以区分。封建社会代替奴隶社会、资本主义社会代替封建社会，这是新制度对旧制度的胜利，是美对于丑的胜利。在同一种体制下，社会又表现出阶段性变化，奴隶社会、封建社会在初始阶段与鼎盛阶段曾经推动着历史向前发展，促进了生产力的进步，从而具备了美的性格；但是当它们走向衰落时，就会妨碍历史的进步，抑制生产力的发展而进入丑化阶段。

3. 社会美具有相对的稳定性和确定性

虽然社会美会在不同的阶级、不同的时代和不同民族存在区别，但是相对于自然美而言，依然表现出稳定性和明确性。原因在于，自然美依附于自然物，而自然物受自然界外部规律和自身内部规律支配，同时受到人类实践活动的影响，观察自然美往往会受到远近、方位、阴晴、四季变化的影响，如云彩，万里晴空飘过一朵流云，显得清新优美，夕阳西下，落日照射着金浪翻滚的彩云，呈

现悲壮。社会美则不同，社会美具有突出的社会性，而社会具有相对的稳定性，因而社会对真的认识和对善的判断必然有一定的稳定性，而且是非常明确的。

二、社会美的审美指导

社会美包罗万象，大学生面对纷繁复杂的社会现象就涉及怎样进行社会审美的问题。要使自己成为具有人格力量、美好风度举止、审美眼光和审美意识的人，需要做到以下几点。

（一）充分认识社会审美的价值

社会美具有直接影响人类社会环境，以及影响人的生活、心灵的作用。而自然美和艺术美对于人的生活和精神的美化是间接发挥作用的，它受一定的条件限制，不能够随时随地进行。

社会美则完全不一样，它因为人的活动而时时刻刻存在，因此只要有人的地方，就有美的欣赏和创造，社会美就能发挥它的审美功能，我们首先需要认识社会美特别的审美价值，才能自觉发现社会美、尊重社会美，最终实现主动追求和创造社会美的目的。

（二）借助艺术作品感受现实生活中的美

艺术美形象而生动地反映了现实生活中的美，好的艺术作品也成了生活中的教科书，我们能从这些作品中了解并体会到现实生活中的美好，从而提高对社会美的审美能力。

个人的经历很有限，但是在艺术的帮助下，我们可以体会到别人生活中的体验，大大充实并丰富自己的生活阅历，由此可对比美与丑、善与恶，做出正确评价。艺术在人们生活中发挥着巨大而又深远的作用。它可以引导人们通过纷繁复杂的生活现象，去了解生活的本质，并使观赏者的精神世界得到升华，形成一种审美人生态度。因此，在日常生活中，可通过各种途径去学习和掌握欣赏美、表现美的方法与技巧并诉诸多种艺术形式，如文学艺术、影视艺术、书法艺术、音乐艺术、美术作品等。

第三节　艺术美审美实践

一、艺术美及其审美功能

艺术美在美的形态中有着特殊而重要的地位。艺术美拥有超出现实美的表现力，它更加直观、更有感染力，也更令人回味。这种独到的美主要来自艺术家的构思和创作，他们和普通人相比，有着更细腻的审美心理和情感体验，相当一部分艺术家还接受过专业化、系统化的培训指导，所以他们可以采用独特的表现手法向人们诠释自己心目中"美"的概念，对艺术作品的欣赏和一定的艺术创作实践，是大学美育的重要手段。

（一）艺术美概述

1. 艺术美的概念

不同类型的艺术作品所表露和体现的美就是艺术美的具体内涵。没有很多表现形态，艺术美就是其中之一，它来自艺术家的创造性劳动，也就是特定的精神生产活动，如果分析这种活动的实质，可以将其视为人的本质力量的定向化活动。当艺术作品借助自身的艺术形象来感性反映人的本质力量时，艺术美就诞生了。而相比之下，现实美通常会受到一些外在条件的约束，如时间要素和空间要素等，所以它们很难获得集中体现现实美的特性，这是现实美与艺术美的主要差别所在：它不具备艺术美的精粹性和提炼性，毛泽东同志曾就此发表过这样的看法：尽管生活美和艺术美作为"美"的价值都应该得到认可，但文艺作品所体现的生活是理想化的，相较现实生活，它显露的情感更为强烈，彰显的主观意愿具有集中性，有典型示范作用，从这个角度来说，文艺作品的普遍性反而比现实生活要强。因而，艺术美在美的各种形态中占有极其重要的地位，历来是美学家研究的重点。集德国古典美学之大成的黑格尔，高度重视艺术美，皇皇百余万言的美学巨著，就是围绕着艺术美而展开的。

2. 艺术美的特点

艺术作品只有兼具现实属性和理想属性，才符合"美"的完整要求，它们既要建立在现实世界所存在的规律和现象的基础之上，也不能失去创造性和思想追求，需要灌注艺术家在面对生活时总结的审美志趣。当然，艺术家还应该以准确、生动、有美感的形式来表达艺术思想。因此，艺术美的美学特性有集中性、永久性和综合性。

（1）艺术美具有集中性

艺术作品的体裁多样，分类详细，大致可分为音乐作品、绘画作品、文学作品和雕塑作品等。这些作品虽然都取材于现实，但并非全盘复刻现实事物，它们的常规创作手法是，总结并突出反映某一类事物的主要特性，借此来点明描述对象的本质和社会意义。艺术美是艺术家把一些分散的美集中起来，进行艺术的概括，从而创作出来的典型形象，因而艺术美比现实美更集中、更强烈、更具有普遍意义。艺术家能够将现实生活中的事物，无论是美的还是丑的，通过集中、概括，使之成为渗透着自己情感评价的艺术形象。尤其是化丑为美，它已经不同于一般的丑了，而具有美学意义，是把丑的内容以一种和谐优美的艺术形式展现在欣赏者的面前，使其得到审美情感的满足。

（2）艺术美具有永久性

艺术美属于社会意识形态，它的发展变化并不总是与社会同步的。社会改变了，旧有的艺术并不会立即发生变化，而是保留下来。在人类历史上，那些曾产生过重大影响的真正的艺术作品，一般是不会随着时代的变迁而丧失美的价值的。艺术美有其自身的发展规律，在艺术作品中，人们可以窥测出前人的思想观念、审美理想、审美趣味。而艺术的形式因素具有相当大的适应性，某种艺术形式往往能被不同时代的艺术家所借鉴和运用。在前人留下的艺术作品中，不仅反映出那一时代的艺术家的观念问题，而且反映出他的创造技巧问题。不论前人遗留下来的艺术作品的审美价值如何，它都以稳固的形式供人们进行借鉴。基于上述原因，艺术美一旦被创造出来，便具有永久性，就可能超越时空，流传久远。

（3）艺术美具有综合性

艺术美具有综合性，是指艺术美具有美的综合和综合的美的特性。所谓美的综合，是指艺术创造是按照美的规律和法则，在艺术家审美观念指导下对各种艺术元素的综合，把分散导向统一，把不和谐导向和谐。所谓综合的美，是指艺术中各因素在一定条件下共同呈现的美。这种美的综合和综合的美表现在对单象美、个体美的综合，以及对综合美自身的再综合。通过综合使艺术所呈现的综合美比其他任何形式的美都更集中、更丰富、更强烈，因而也更高。

（二）艺术美的审美功能

1. 审美娱乐功能

审美娱乐功能是指通过艺术活动使人获得视听感官的某种快感和感觉上的美感，给人以精神上的满足和愉悦。人们去剧院看戏，去看电影，去展览馆参观绘画、书法、摄影展览，以及听音乐、阅读文学作品，都是为了获得一种审美享受。人们在欣赏艺术作品时，会受到艺术形象、艺术语言的感召，产生情感波动，不自觉地调动自己的想象力，用自己的观点和经验去解读作品。总之，艺术欣赏会充分唤起人们的种种心理活动能力，甚至完全吸引人的注意力，使其达到一个物我两忘、沉浸其中的欣赏境界，从中收获丰富细腻的心理体验：可能是从诙谐生动的作品中收获欢乐，也可能是随着深沉悲哀的作品沉浸伤感，还有可能因现实沉重的作品感到愤怒，或受到宏大悲悯的作品的震撼与触动……总而言之，这些情感体验都可以认为是精神上的满足与享受，审美享受就是从这类体验中诞生的。

2. 审美认识功能

艺术家在选择材料、提炼材料、组织材料进行艺术创作的时候，同样不可避免地把自己的思想、情感、趣味体现在了作品里。换言之，艺术作品在包容客观真理性的同时，也容纳了艺术家主观的真实。因此，欣赏一件艺术作品，除了可以感知客观的东西，欣赏者也必然将接触、深入艺术家的主观世界，参与创作者的精神活动，并在主体与客体的情感交叉活动中，引起精神的共鸣。因此，艺术作品能使人们认识自然、认识社会，同时也能认识艺术家、周围的人及我们自己。

人们在欣赏艺术的体验中接受不同形态的美的熏陶，这样一来，其自身的艺术趣味和艺术鉴赏能力、理解能力都会得到提高与加深。艺术作品自身必然承载着艺术家的感情，这样才能唤起观赏者的感情（或者叫共鸣）。创造主体在指代和暗喻自己感情的同时，一直在试图使欣赏者产生同样的感受和认知。之所以说艺术欣赏者能够通过艺术表达接受感情上的洗礼与塑造，正是因为艺术美引发了他们心中的美好感情，并且通过启发的形式为其审美经验、审美能力和审美思想注入了新的内容。此外，还应该认识到，塑造美、表现美就是艺术的最终追求。艺术家所希望的不仅是艺术内容的本质美感，还有表达形式与承载内容完美契合所体现的和谐美与巧妙之感。总而言之，艺术鉴赏体验是提高一个人艺术解读能力的主要途径。因为生活的真实孕育了理想化的艺术美，所以人们不仅可以通过艺术作品来感知艺术美，还能对现实美有更为深刻的理解与感触。在这样的前提下，人们会自发地发掘和寻求生活中更多美的形式、美的表达。

3. 审美教育功能

艺术作品是人类审美意识的物化形式。它不仅能使人赏心悦目，满足审美需求，而且可以产生教化作用，陶冶欣赏者的情操，丰富欣赏者的见识，提升新生者的品位，由此构建一种更加积极且深刻的价值观念，塑造全面成长的健康个性，启迪和引导人们按照美的规律来塑造自己，改造世界。这就是艺术的审美教育功能。

艺术之所以能产生教育作用，是因为艺术的本质在于审美。一件艺术作品就是一个审美对象。艺术家的作品并不是单纯描述现实，而是融入了本人的反思和见解，某种程度上是在评判现实生活，并向观众展现艺术家自身的某种诉求或呼吁，传递自己的人生观、价值观、生活经验与体会等。因此，人们在欣赏艺术作品获得美感享受的同时，还学到了知识，受到了教育，陶冶了情操，培养了想象力和创造力，使个性得到全面和谐的发展。

而艺术美的教育功能最独特之处，在于它不是通过伦理的、理性的、教诲式的方式给人以直接的教育，或者说它不带有一般教育的强制性，而是使人在不知不觉中受到教育，它是以潜移默化的形式来实现的。"随风潜入夜，润物细无声"是艺术审美教育功能的形象体现。

在此基础上，艺术美在推动社会生活前进方面，具有特殊的价值。人欣赏到艺术作品的美，心灵被作品的内涵和构思所打动，理想也会留下作品的烙印，激励人在现实生活中不断追求美好的事物和高远的目标，最终达到促进社会生活面貌焕新的深刻目的。

二、艺术美的欣赏

艺术美的欣赏，有自己所固有的性质、特点和规律，只有认清楚对艺术美进行欣赏的一些基本问题，才能提高人们的审美水平和对艺术美的鉴赏能力，才能有效地指导人们进行审美实践活动。欣赏活动主要包括文学、美术、音乐、影视等的欣赏。

（一）艺术美欣赏的性质

艺术作品虽然相对于客观现实生活是第二性的东西，但是作为一种客观存在，对欣赏者的主观意识来说，它又是第一性的东西。艺术欣赏作为对艺术作品美的内容和形式的反映，本质上来说，是一种审美活动。这种物态化的艺术形象是成型的、确定的、单一的。艺术欣赏的审美活动，以艺术形象为对象，将这种物态化了的艺术形象观念化。

艺术美欣赏的根本标志是审美评价和审美享受。在欣赏艺术美的过程中，无论是否处于主动或自愿，人们通常都会依据个人的审美趣味、审美希冀、审美观念，从作品中收获某种实际的感受。这种感受（或者说体验）主要来自艺术形象。基于观赏感受，人们会逐渐进入联想和想象的阶段，想象又会衍生出更多复杂而细腻的情感反应。对作品产生共鸣之后，人们就会针对作品给出某种审美评价，最终收获精神上的充实和喜悦，即审美享受。那么，前面提到的"实际的感受"是怎样获得的呢？别林斯基认为："对于我们来说，没有知识就没有欣赏。如果有人说，某一作品使他感到欢欣鼓舞，但认识不清楚这种情感到底是什么，追究不出这种情感之由来，那么这种人就是自欺欺人。为一部不能理解的艺术作品而喜悦，是一种令人痛苦的喜悦。"

艺术美欣赏具有直觉性。艺术作品是通过具体可感、鲜明生动的艺术形象来感染人、打动人的。当我们看到一幅画、听到一首乐曲、观赏一出戏剧时，会立刻产生一种特殊的情绪、情感，或感到十分优美，或感到极其平庸，甚至会感到丑陋险恶。需要指出的是，这种直觉性不同于那种先天遗传因素所决定的生理机能，而是融感性经验和理性认识为一体的一种高级阶段的心理机能。

（二）艺术美欣赏的作用

1. 艺术美欣赏是艺术作品实现社会审美教育的唯一途径

艺术家精心创作出各种各样的艺术作品，其目的是通过艺术形象把自己的思想观念和情感传达给人们，从而使作品产生一定的社会审美效应。只有通过艺术欣赏，才能使艺术家和接受者进行感情沟通，才能使艺术形象的审美价值得到实现，并对接受者产生精神上的感染和净化。各种艺术作品，只有接受了群众的鉴赏与认可，才能被视为真正的艺术作品，并且证实自身的现实意义和审美价值，它的各种社会作用、社会价值才能够由潜在成为现实。

艺术形象里倾注着作者的感情，渗透着作者的爱憎态度，包含着作者的美学评价。当欣赏者在欣赏艺术作品中的艺术形象时，通过自己的再创造全面理解了艺术家的感情、态度和审美评价，在获得审美愉悦的同时，提高了认知，接受了教育，艺术作品也就产生了社会审美效应。

2. 艺术美欣赏制约和推动着艺术创作

艺术创作和艺术欣赏，如同生产和消费的关系，二者互为条件、相互制约。一方面，艺术欣赏要以艺术创作为前提；另一方面，艺术创作也要在艺术欣赏中得到反馈，从人们的欣赏需求中汲取营养，得到启示、鼓舞，受到影响，获得动力。可以说，艺术欣赏活动的普及和深入，社会欣赏水平的提高，对繁荣艺术创作、发展艺术事业，能产生强大的推动力量。

3. 艺术美的欣赏能力培养、提高人们的欣赏能力

没有艺术欣赏的实践，人们的欣赏能力只能停留在较低水平上。在现实中，由于人们的社会地位、生活经历、文化程度、艺术素养等方面存在差异，人们的欣赏能力也有所不同。他们在艺术欣赏中的感受、体验、鉴定、评价等会有明显的差异。可以说，一个人对艺术作品的审美体验和审美判断，都是被欣赏能力左右的，审美能力越高，就越能从一件艺术作品中发现深刻的、耐人寻味的美，同

时这件艺术作品所承载的社会意义也越重大。

艺术之所以能引发人们特定的感情，首先是因为其自身就承载和表露着创作者的感情。而欣赏者的美好情感被艺术作品唤起的过程也是其心灵接受陶冶与感化的过程，随着心灵的成长，个体的阅历和情感认知更加充实，审美能力也就得到了提升。人们要想提升自己发现艺术美的能力，获得更优秀的欣赏能力，就必须经常主动欣赏艺术作品，接受美学的熏陶。无论是什么样的艺术形式，最终追求的都是美。艺术作品的内容与内涵本身是一种美，表达形式和思想情感的结合程度、搭配组合同样是一种美。人们在艺术鉴赏这一体验中收获了美的感受，加深并充实了自己的艺术趣味，同时见识了更多艺术形式与表达方式，对广义上的艺术有了更好的理解，艺术欣赏能力自然也随之提升了。此外，现实生活作为艺术美的起源，其特征和规律也隐含在艺术表达之中。所以，艺术欣赏并不只是一个提高艺术美认识能力的过程，它同样让欣赏者对现实美产生了更加深刻的认识，激励着更多人在生活中发现美、欣赏美和创造美，让美学渗透到生活的每一个层面。

不同种类的艺术品创造了不同的艺术感受、不同的审美能力和趣味。随着艺术的不断发展，人们的这种审美能力和趣味将会日益提高。也就是说，欣赏主体对艺术作品的欣赏过程，实际上是一个不断积累欣赏和理解艺术作品经验的过程，当这种经验成为一种稳定的艺术审美心理结构的时候，便产生了一定的审美趣味和审美能力。

（三）艺术美欣赏的过程

1. 审美准备阶段

一个人在尝试接触和欣赏艺术美时，首先要进入一种更适合凝神和沉思的状态，而不能仍处在日常意识的阶段，这是营造审美心境的必要一步。这种心境，既可以说是对艺术美欣赏活动的期待，也可以说是一种心理准备。人们无论是进电影院或剧场去看电影、看戏，还是到音乐厅、美术馆去听音乐、看画展，或是到什么地方去咏诗、看小说，在具体接触艺术对象和实际进入艺术情境之前，心理上就会自觉或不自觉地中断日常生活中那种强烈的功利意识，排除与审美无关的杂念，静心以待，集中其审美注意，准备以全身心去接受即将进入欣赏活动的欣赏对象，以获得审美的满足。因而，艺术美欣赏的准备阶段，也就是自然地暂时超越现实环境和现实自我而将功利态度转变为审美态度，将与现实的功利关系转变为审美关系的阶段。

在审美准备阶段，欣赏者会根据自己已有的艺术知识，对即将接受的艺术作品的背景材料的了解程度，对其各个方面，如内容、形式、风格进行猜测。一般而言，欣赏者的审美经验越丰富，艺术知识水平越高，他对即将欣赏到的艺术作品的期待就会越高。

2. 审美感受阶段

艺术形象是艺术欣赏的直接对象，欣赏者在接触某种形象时，首先会产生一种直观的感受，艺术欣赏就是从这里开始的。一般来说，艺术作品的美并非理性而抽象的，而是以相对具象的形式呈现，引发人的感性触动。欣赏者通过一系列联想和共鸣勾勒艺术作品的形象，用个人的生活体验和思维习惯解读艺术作品。

具体来说，如果人们看到了一幅色彩鲜艳、构图大胆的图画，心情也会不自觉地变得激动；如果听到了一首委婉平和的乐曲，同样会随着旋律感到宁静而安定，这些心理活动都意味着常规性的心理意识的结束。如果欣赏者认为艺术作品足够优秀，能从中获得享受，则心情也会因艺术欣赏而变得更加愉悦。审美感受融合了一个人的情感体验与意识反思，所以不能等同于纯粹的生理现象，人都要经过特定的生活体验、智力教育、情感经历，才会具备基本的审美素质，所以审美心理其实兼有感性和理性的因素。如果一个人天生就具有比常人更细腻的情感，或者专门接受了系统的审美教育，对艺术作品的感觉就会较一般人更敏锐，也更深刻。

欣赏者可以通过艺术欣赏中的具体感受抵达特殊的艺术境界，身临其境地领会艺术家的创作用意。如果艺术家的手法足够高超，创作情感足够真挚，完全可以让欣赏者沉浸在艺术形象之中，体验与艺术形象同步的感受。

3. 审美理解阶段

审美活动中的理解是对眼前的美的形象，经过感觉、知觉辅以联想、想象，去补充和丰富艺术作品中的内容和形象，达到深刻理解艺术作品内容的目的。所以，从本质上说，审美理解是欣赏者对艺术作品从形式到内容的把握。

我们在欣赏某一美的对象时，通过审美对象的艺术形式获得的感性认识，可能会立即感受到它的美，产生感官的舒适的感受。但要更深刻地认识美、感受美，从而产生感情的愉悦和感动，就需要有深入的理性认识，发挥理性的作用。因为在艺术欣赏中，作为审美对象的艺术形象往往是复杂的，不是凭感性印象一下子就能认识，而是要通过反复思考、仔细琢磨才能全面地、深入地认识它，并且也只有经过理性思考之后才能引起深刻的强烈的美感。

4. 审美评价阶段

艺术欣赏是一种形象的再创造，是伴随着情感活动的形象思维，是感性和理性活动奇妙、和谐的统一。所以，要深刻领略艺术之美，就必须在具体感受的基础上进一步理解，从理性高度把握艺术美的内涵，透过渗透着情感的艺术形象，品思蕴含其中的深刻内容和社会意义，并在此基础上对艺术作品做出理性的评价。审美评价包含两方面的内容。一是对艺术作品所描写的生活进行再评价。欣赏者在欣赏活动中，总是要结合自己的思想感情对艺术家在作品中所评价的事物进行一次再评价。二是对艺术作品优劣的评价。欣赏者在欣赏一部艺术作品之后，总是会按照一定的立场、观点、方法和价值取向，根据自己的审美趣味、审美理想对艺术作品的优劣进行分析、评价和判断，这种评价既可以针对艺术作品的内容，也可以针对艺术作品的形式。

（四）提高艺术美欣赏能力的途径

艺术作品的美是作品形式美和内容美的高度统一。

在形式美方面，不管是作品所反映的现实社会生活，还是艺术家希望反映的个人思想感情，都需要借助真实可感的艺术形象，让欣赏者明白无误地感受并解读，所以欣赏者必须首先熟悉艺术作品的表达及美学特征，才能体验艺术作品的内容及美感。通常来说，艺术作品的形式美都是借助线、面、体、色彩等艺术因素来塑造的，不过，我们不能独立地看待这些艺术因素，它们之间存在着许多紧密而微妙的联系，需要按照美的规律组合在一起，才能塑造出美的艺术形象，让人从中获得愉悦的体验。

至于艺术作品的内容美，主要包含两个方面：艺术作品所创造的艺术形象具有的美的社会内容，以及其所描绘或暗示出的艺术家的正确认识和正面情感等。

1. 要树立高尚的审美理想与审美趣味

理想性是艺术美的重要特征。在艺术欣赏中，欣赏者树立什么样的审美理想与审美目标，就成了艺术美欣赏的关键。所谓理想，就是主体在认识客观对象规律性的基础上，对客观事物的发展及未来的一种假设与愿望。而审美理想则是主体对具体可感的、至善至美的一种美的境界的追求、规范和愿望，它是以现实生活为基础的，却又是对现实的一种想象性、意愿性的改造。它是审美的明灯，照亮了艺术美的欣赏。欣赏者要判别美丑与是非，就要树立高尚的审美理想，培养健康的审美趣味。

2. 要努力培养感受艺术美的观察能力

艺术拥有审美教育功能，至于如何发挥作用，则受到欣赏者个人的经历、喜好、思维习惯、艺术观念等因素的影响。如果欣赏者本人的艺术体会不敏感，专业知识也不充足，就很难感受艺术作品的美学价值，更不用说给予合理的解读与评价了。这样一来，审美教育的功能也会很难达成。

我们以一则艺术史趣闻来说明这个道理。据说曾经有一个著名的医生前去欣赏拉斐尔的名画《西斯廷圣母》，观毕给出这样的评价：画中婴儿的瞳孔有不自然的放大，说明有潜在的肠虫病风险，需开出药方加以治疗。医生甚至每观看一幅画作都可发现其中人物的身体疾病，也许这可以反映其专业素养之优秀和专业品质之到位，但也表明他缺乏欣赏艺术的眼光，没有享受艺术的情趣。这则故事启示我们，假如仅仅采用绝对理性的观点和审视的态度对待艺术创作，而不是用审美的眼光，就意味着我们已经脱离了应有的审美愉悦，对艺术鉴赏的理解出现了偏颇。

虽然该故事看起来有些荒谬，但实际上，现实中的很多人在欣赏艺术时也会陷入本质类似的谬误。人们对待一件作品，很容易想到"这种东西到底有什么用？""为什么画得不像真的？"之类的问题，但如果一直纠缠于这些问题，就失去了体验美的乐趣。艺术作品首先是一个鉴赏的对象，而非实用的物品——或者说，"审美"就是其最大的实用价值；艺术不能等于科学，它的源头是艺术家的自由想象，而非科学家严格遵循现实得出的定理和法则。观赏者也应该在面对艺术作品时暂时放下世俗的追求，让思想达到一个理想化的境界，心无旁骛地欣赏艺术中最纯粹的表达。

3. 要加强知识积累，提高艺术文化修养

人们对现实中的审美有许多种把握形式，其中的最高形式就是艺术。艺术能够对人产生特殊的影响作用，这是一个相当漫长而复杂的过程，融合了各种综合性的心理成分。

艺术鉴赏能力大致包括艺术形象的体验力，以及艺术想象力、理解力和判断力等。要想成为一个理想的艺术欣赏者，应该首先致力于提升自身的艺术修养，培养足够的审美能力，重视自身的知识积累，这样一来，就可以说艺术对象促生了乐于欣赏艺术、善于发现美的大众。

艺术鉴赏水平的决定性因素有两个，即艺术修养和艺术鉴赏能力。在现实中，如果是有些绘画功底的人，一般也会在欣赏美术作品时发现更多的细节，并更准确地评价作品的优秀之处与不足；如果是懂得基本乐理知识，甚至自己也能演奏乐器或献唱的人，也能更好地鉴赏不同种类、不同风格的音乐。在欣赏一些比较抽象或前卫的艺术时，应首先了解创作者的构思背景、归属流派的起源和艺术观点、艺术语言等，否则可能会一头雾水，不能理解作品的创作用意和巧妙之处。

4. 要努力培养艺术欣赏的再创造能力

理想的艺术鉴赏者并不是被动接受和分析艺术作品，也不等同于完全理性的、消极的反应。它自身也是一种再创造的过程，而且应该符合能动性、积极性要求。在鉴赏过程中，欣赏者自身应该遵循主体性原则，通过艺术鉴赏活动来满足自身的审美需求，完成精神消费的程序。这样，其最终对艺术作品的认识才是足够完整且相对深刻的。艺术鉴赏是悦目悦耳、娱心怡神的精神消费，在艺术消费中，艺术作品是"作为心灵的认识方面的对象"而自由、独立存在的。

第四节　国内高校特色美育文化实践的典型案例

一、高校美育课程的创新实践

第三届全国大学生艺术展演是在全国范围内首次大规模将美育课程纳入大学生艺术教育体系的尝试，标志着高校美育改革的初步成效。此次展演在全国范围内引发了关于美育课程设计与实施的广泛讨论，许多高校结合本校特色，开设了多元化的美育课程，涵盖了音乐、美术、舞蹈、戏剧等艺术形式，旨在提升学生的综合素质与文化修养。

美育课程的创新主要体现在三个方面。

（一）教学内容的改革

许多高校引入了多样化的艺术课程，将传统艺术与现代艺术结合，使学生能够从不同的文化背景和艺术形式中汲取养分。例如，有些高校将书法、国画等传统艺术作为必修或选修课程，让学生在学习中感受中华优秀传统文化的魅力。此外，部分高校还开设了现代艺术课程，如摄影、影视制作等，帮助学生了解和掌握新兴艺术形式。这种课程设置的创新，极大地丰富了学生的美育学习内容。

（二）教学方式的创新

许多高校在美育课程的实施过程中打破了传统的课堂教学模式，采用了更为灵活的教学方式。例如，一些高校组织学生参与艺术创作实践，通过动手操作和亲身体验，增强了学生对艺术的理解和感知。这种教学方式不仅提高了学生的艺术素养，也让他们在实践中提升了创造力，树立了团队合作精神。

（三）评价机制的改革

传统的美育课程评价方式依赖于理论考试，而第三届展演引入了实践性评价。通过艺术作品展示、实践成果汇报等方式，高校能够更全面地评估学生在美育课程中的学习成果。这种评价方式的转变，鼓励学生在实践中不断探索和创新，推动了高校美育教育的进一步发展。

二、艺术与科技融合的跨学科美育项目

第五届全国大学生艺术展演突出了艺术与科技融合的跨学科美育项目，标志着美育教育向着更广阔的领域拓展。在此次展演中，不少高校将科技与艺术结合，推出了一系列创新性的跨学科项目，这不仅为学生提供了更加丰富的学习资源，也为高校美育改革注入了新的活力。

首先，艺术与科技融合的跨学科项目拓展了美育的边界。随着科技的进步，虚拟现实（VR）、增强现实（AR）等新兴技术被广泛应用于美育教学中。一些高校利用这些技术，将艺术作品的创作过程与展示过程数字化，学生不仅可以通过传统的创作方式进行艺术表达，还可以通过科技手段实现创新。这种方式大幅提升了学生的艺术创造力，同时也培养了他们的技术素养。

其次，跨学科的美育项目促进了学生的综合素质发展。在第五届展演中，一些高校通过跨学科的合作，将艺术与科技、工程、设计等学科结合，开设了跨学科的美育课程。这些课程不仅要求学生掌握一定的艺术知识，还需要他们具备科技技能和创新思维。例如，一些高校组织学生设计互动艺术装置，学生需要将美学原理与工程技术相结合，完成艺术作品的设计与展示。这种跨学科项目培养了学生的综合能力，使他们在艺术创作过程中不仅能掌握艺术技能，还能了解科技的应用，提升了他们的创新能力和解决问题的能力。

最后，艺术与科技融合的美育项目为高校的美育教学提供了新的发展方向。将科技融入美育，使学生的学习方式更加多样，教学内容也更加丰富。这不仅提高了学生对美育的兴趣，还为未来的美育教学提供了新的思路。第五届展演中的这些项目，为高校进一步深化美育改革提供了宝贵的经验。

三、传统文化与现代艺术的美育融合改革

第七届全国大学生艺术展演是美育改革的重要里程碑，强调了传统文化与

现代艺术相结合的创新实践。此次展演以"弘扬传统文化，推动现代艺术"为主题，众多高校通过展示传统与现代艺术相结合的作品，探索了美育改革的新途径，尤其是对如何将传统文化融入现代美育教学进行了深入的实践。

首先，传统文化与现代艺术的融合为美育教育提供了丰富的内容资源。第七届展演中，不少高校将中国传统文化中的书法、国画、戏曲等艺术形式与现代艺术表现手法结合，创造了许多具有时代感的艺术作品。例如，一些高校的学生将现代舞蹈与传统戏曲动作融合，创造了新颖的艺术表现形式。这不仅弘扬了中华传统文化，还使传统艺术焕发了新的生命力。通过这种方式，学生在学习过程中不仅接触到了现代艺术，还深入了解了中华优秀传统文化。

其次，这种美育改革促进了学生的文化认同感和民族自豪感。通过学习和创作与传统文化相关的艺术作品，学生们不仅掌握了艺术技巧，还加深了对中华文化的理解和认同感。第七届展演中的许多作品都表达了学生们对中华传统文化的热爱和对文化传承的责任感，这种文化认同感在美育教育中显得尤为重要。

最后，传统文化与现代艺术的融合改革推动了美育教学的创新。第七届展演中的许多作品不仅体现了学生的艺术创造力，还展示了高校在美育教学中的创新实践。例如，一些高校通过开设"传统文化与现代艺术"课程，帮助学生更好地理解两者之间的关系。这些课程不仅提升了学生的艺术素养，还通过跨文化和跨时代的结合，推动了美育教学的多元化发展。

总之，大学生艺术展演中的美育改革案例展示了国内高校在美育文化实践中的不断创新与探索。从美育课程的创新实践、跨学科的艺术与科技融合，到传统文化与现代艺术的结合，这些案例不仅为高校美育改革提供了宝贵经验，也为新时代的美育教育指明了方向。

第六章　高校美育与大学生思想政治教育的融合

第一节　美育融入大学生思想政治教育相关理论

一、思想政治教育的核心理论与功能

思想政治教育是指通过系统的思想政治理论和实践活动，帮助受教育者树立正确的世界观、人生观和价值观，并促进其成为具备坚定信念、高尚品德和社会责任感的公民。其核心理论主要包括马克思主义理论、社会主义核心价值观教育以及思想道德修养教育。这些理论的根本目标是帮助学生在面对复杂的社会现实时，能够运用正确的思想方法和政治理念进行理性分析和判断，从而形成科学的世界观和坚实的信仰体系。

思想政治教育的功能可以从四个方面进行分析。首先是认知功能，通过思想政治教育，使学生能够系统地掌握马克思主义理论及其中国化成果，了解国家的方针政策，形成科学的政治认知。其次是情感功能，思想政治教育通过情感上的感染和价值观的塑造，帮助学生建立对社会主义事业的认同感和归属感。再次是行为指导功能，思想政治教育不仅停留在理论的灌输层面，还引导学生将所学知识转化为实际行动，鼓励学生在日常生活中践行社会主义核心价值观。最后是人格塑造功能，通过长期的思想政治教育，帮助学生形成健全的人格、积极的人生态度和正确的价值观念。

思想政治教育作为高校教育的核心组成部分，其理论和功能具有高度的实践性和时代性。它不仅能让学生掌握政治理论知识，还可以培养学生在复杂社会环境中保持独立思考的能力。随着社会的不断变化，思想政治教育的内容和形式也在不断创新，尤其是在高校的教学实践中，如何结合美育来增强思想政治教育的吸引力和实效性，成为当前教育工作者的重要任务。

二、美育与大学生思想政治教育的关系

（一）美育与大学生思想政治教育的差异性

1. 教学属性不同

总体而论，美育仍隶属于情感教育，它以情感作为教育的切入点，借助受教育者的感官和逻辑思维去探究更深层次的心理意识，凭借美的感召力来感化教育客体，让他们在美的体悟中去学习知识、接受教育，是用非理性的方式去启发人、培养人、塑造人，其重点在于培育大学生对美的感悟和体验，提升其审美观和审美能力。大学生思想政治教育的首要目的是解决大学生的思想政治问题，立德树人，培育合格的社会主义接班人。它依附于一定的社会阶级关系，并服从于一定的社会阶级利益，最终实现一定的政治目标。因此，思想政治教育是一种偏向于理性的教育方式，是在政治共同体的影响下，培养大学生的理想信念，形成符合政党要求的政治意识和思想观念，并自觉地指导教育实践活动。从这个层面来说，二者具有本质的区别。

2. 教学重点不同

美育的教学重点在于提高审美能力，净化心灵，提升道德素质，使个体德育、体育、智育全面发展。大学期间的美育课程着力于激发大学生的潜能，张扬个性，培养创新能力，同时注重审美观念的树立，增加日常学习和生活的趣味，满足大学生的心理需求，为其提供一个健康、积极、优美的发展空间。而对于大学生思想政治教育来说，它是大学生立德树人的主要途径，是宣扬共产主义的理论武器，旨在提升大学生的政治思想觉悟，在思想层面上培育社会主义新阶段的新青年，因此，它们的教学侧重点是有差别的。

3. 教学方法不同

美育的研究方法有别于一般性的理论教学，与大学生思想政治教育的教学方法更是相差甚远。美育需要以创新的思维去不断突破形式上的限制，打破传统的教学规律。只有具备丰富的审美阅历，才能顺利地进行审美活动。反之，就会破坏原有的审美情感。而思想政治教育属于政治性的教育活动，本身就具有一定的严肃性，适用于严谨和保守的教学方式。此外，它作为大学教育的重要组成部分，通常以说教的方式对大学生进行理论灌输，以维持其政党合法性。由此可以看出，美育和思想政治教育在教学方法上有所不同。

（二）美育与大学生思想政治教育的同一性

1. 内容方面的同一性

大学生思想政治教育是对高校学生进行以政治思想教育为核心和重点的思想、道德、法律和心理综合教育实践，培养学生树立正确的世界观、人生观和价值观，以实现大学生的全面发展。美学作为大学生美育的理论基础，着眼于艺术教育的培养，以生活美、和谐美、生态美、艺术美为主要内容，通过对中外优秀艺术作品的鉴赏，继承和发扬人类对美的融合与创造，进一步塑造大学生正确的审美意识、审美认知和审美趣味，使之拥有阔达的审美心境和丰富的审美情感；通过感受事物的美和对美感规律的培养，提高大学生的人文素养，使之成为品学兼优、身心健康、举止优雅的精英人才，为社会做出卓越的贡献。

大学生素质教育体系中美育和思想政治教育都是不可或缺的。其中，美育是实现社会主义教育现代化的重要途径，没有美育的教育是不完整的，美育作为素质教育的核心内容，同思想政治教育有着密切的联系。在美育中，思想政治教育发挥着导向作用。同时，思想政治教育也是社会美的一种体现，它用科学的理论知识、崇高的道德理想，教育、启迪、感化并打动人，其内容蕴含着真、善、美，是塑造心灵美、精神美的教育，这无疑契合美育的初衷。

2. 情感因素的同一性

美育与大学生思想政治教育在情感因素方面具有同一性。情感性是美育的基本要素之一。研究表明，美育活动是唤起人们内心情感的有效途径，在潜移默化中感化人并塑造人。思想政治教育的实践过程并不是我们所认为的枯燥无味，它具有一定的情感因素，这也是思想政治教育的本质体现。思想政治教育重视做人的思想工作，是与人进行思想交流的过程。因此，更应该从人的思想观念出发去开展政治教育。基于此，思想政治教育也具有一定的情感性。

人们对审美的认知是在情感共鸣的基础之上被激发出来的。马克思认为，情感因素至关重要，思想政治教育从本质上提高人们的思维水平，同时也应该关注人的道德情操方面的培养。面对诸多要解决的问题，思想政治教育不仅要解答人们在思想认识方面的问题，还要着眼于情感方面，这需要通过各种方式方法，比如疏导、沟通、交流和感化，使受教育者在情感层面上产生共鸣，让其立场和观点尽量向矛盾的另一面转化。

（三）美育与大学生思想政治教育的统一性

美育与大学生思想政治教育的统一性主要表现在两个方面。一方面，美育增强大学生思想政治教育的实效性。传统的思想政治教育面临的一个主要困境是传播方式的单一性，主客体互动性不强，未能给予学生内心的关怀，也就无法在教师和学生之间搭建一个相互交流和理解的沟通桥梁。此外，传统思想政治教育灌输的内容也较为空洞、乏味，实效性不高。因此，需要在思想政治教育中引入美育，这样既能增强美育在思想政治教育中的魅力，又可以提高思想政治教育的效度，构建美的思想政治教育。在思想政治教育中，将抽象的理论同现实的美结合在一起，将理论寓于美的情感中，寓教于美，寓情于教，让学生在感受美的过程中净化自身的心灵，释放个性，在享受美的过程中实现思想政治教育的目的。

另一方面，大学生思想政治教育赋予美育新的生机和活力。在高等院校的课程体系中，美育的教育止步于艺术课程中培养大学生的审美观和艺术鉴赏能力。事实上，鉴赏能力的高低与学生对审美的感受、审美的认知和审美环境密切相关，而这些都离不开特定环境中主客体之间的关系问题。美育成功与否的关键在于是否形成了符合时代要求的审美态度。坚持思想政治教育的原则，并将其作为指导美育课程的准则，以马克思主义美育观塑造大学生的美育意识，帮助他们树立高尚、积极的审美观，正确地辨别美与不美，不仅提升了学生对美的认识能力和感受能力，更增强了美育的魅力。

三、美育在思想政治教育中的地位和作用

美育在思想政治教育中发挥着重要的辅助和推动作用。首先，美育作为思想政治教育的有力补充，能够帮助学生通过艺术和文化的体验，增强对社会主义核心价值观的情感认同。思想政治教育往往涉及复杂的理论和抽象的价值理念，学生在理解和接受这些内容时，常常会感到枯燥或难以产生共鸣。而美育通过艺术的形式，将这些抽象的概念转化为具体的情感体验，帮助学生在感知美、欣赏美的过程中，逐步内化这些价值观念，从而增强思想政治教育的实效性。其次，美育能够帮助学生形成健全的审美观和价值观，并通过对美的感知，促进其道德修养和人格的全面发展。思想政治教育的最终目标是培养具有社会责任感和正确价值观的现代公民，而美育的目标则是通过培养审美能力，帮助学生在感知和创造美的过程中，形成积极的情感和正确的道德观念。这种通过美的体验而逐步形成的道德感受，比单纯的理论教育更为深刻和持久。

此外，美育在思想政治教育中还具有重要的实践价值。通过美育活动，学生不仅可以获得艺术体验，还能够在美的创造过程中感受到集体合作和社会责任。例如，通过参与集体的艺术创作，学生可以在团队合作中体会到责任感、协作精神和社会使命感，从而将思想政治教育中的理论知识转化为具体的实践行动。

第二节　美育和大学生思想政治教育有效性

一、大学生思想政治教育有效性

（一）有效性

有效性，是指完成策划的活动和达到策划结果的程度。在人类社会实践的

进程中，出现了很多衡量活动效果的尺度，随着尺度的不断规范和精确，人类社会得以更好地向前发展。

概而论之，有效性是指组织目标实现的程度。人类实践活动的有效性，就其实质而言，是体现于特定价值关系中的价值属性问题。有效性是价值属性的一种体现，是指特定实践活动及其结果所具有的特性，且这种特性又是实践活动及其结果在与相应价值主体构成的价值关系，即对相应主体需要的满足关系中所表现出来的。

（二）思想政治教育有效性

思想政治教育有效性是指受教育者在接受思想政治教育的过程中对教育目标的实现程度，即学生的思想政治教育活动产出与出现正向结果的效能属性。

这不仅涵盖了思想政治教育的内容是否转化为受教育者内在的思想道德修养，而且包括了思想政治教育外在的产出效益。受教育者在接受思想政治教育后，能够以科学的观点和方法来解决现实中存在的问题，并指导自己的实践活动，不断提升个体自身的素质。此外，思想政治教育有效性还表现在思想政治教育活动的效率上，即投入与产出的最大效益比。思想政治的效果、效率、效益合力构成了思想政治教育有效性的内涵。

（三）大学生思想政治教育有效性

比较大学生思想政治教育有效性与思想政治教育有效性，可以发现前者不仅具有思想政治教育有效性一般的含义和特征，而且包含特殊的意义和属性。

从两者的教育对象来看，前者主要针对的是在校大学生。他们科学文化素质较高，主要承担着建设社会主义的历史使命，是实现中华民族伟大复兴的中坚力量。因此，提高大学生思想政治教育有效性，就需要充分了解当代大学生的内在需求、外在诉求以及心理特征等状况。

从思想政治教育的主旨来看，思想政治教育秉持以大学生的全面发展为学科的根本出发点，坚持以教育客体为本位的教学理念，尊重个体之间的差异，帮助他们形成科学的世界观、人生观和价值观。因此，大学生思想政治教育有效性的实现，需要构建以大学生精神文明建设为核心的教学体系，促进大学生更好地吸收思想政治教育的精髓。

二、美育融入大学生思想政治教育的意义

（一）美育丰富了大学生思想政治教育的内容

在社会竞争日益激烈的今天，教育的目的越来越倾向于塑造一个完整的人。这意味着只有人类的全面发展才能满足当下自身的需要，而美育的发展，则是大学生培养过程中最为突出的一个环节。人类的生存与发展离不开美的规律，人们创造出来的物质产品和精神产品都将美的规律作为最基本的前提。大学生正处于世界观、人生观和价值观的形成期，在确立和选择自己人生发展的轨道上，理应蕴含着对美的追求。思想政治教育是培养大学生全面发展的平台，更应注重对教育工作者的要求，他们要有意识、有目的地给予大学生一定的思想引导和人生启迪，注重美育与大学生思想政治教育的内外融合，在学习的过程中逐步提升大学生的审美观念、审美能力和审美素质，这也是大学生思想政治教育过程中的关键一步。从这个层面来讲，美育丰富了大学生思想政治教育的内容。

（二）美育奠定了大学生思想政治教育的情感基础

美育奠定了大学生思想政治教育的情感基础。陶冶情感、净化心灵是美育的基本功能。在美的实践活动中，要引导大学生以科学的审美形式来感受美的魅力，使大学生的审美鉴赏力和创造力得到锻炼和发展。通过对审美形式的领悟，心灵的涤荡和净化，从而培养大学生审美的人生态度。美育的功能在于，它能够把人的感性认识和理性认识统一起来，将人的欲望、感觉、情绪、冲动培养成理性的，也就是说，美育通过对审美媒介、形式的感受和鉴赏，使人的情感功利、个人欲望得到理性的照拂和净化，从而转变成渗透着理性和社会性的审美情感。

（三）美育培养了教育主客体的自由创新精神

美育对于培养教育主客体的自由创新精神至关重要。任何实践活动都是有意识、有目的的活动，而创新是其中最重要的因素。要使想象的东西或创意构思

在实践中变成物态化的欣赏对象，就需要通过美育来实现。创新能力的大小取决于一个人审美能力的高低，高水准的审美能力能够影响一个人的创新能力。美育的一个教育功能是对大学生审美能力的培养，而审美力的养成，取决于想象力。想象力作为科学研究中不可或缺的"发散思维"能力，借助直观形象的模拟和类推，来补充事实链条中的不足和尚未发现的部分，让科学家以此提出并印证其"假设"。科学技术是第一生产力，那么作为科学技术的创新能力的核心动力，想象力也是一种生产力。美育能够培养教育主客体的感受力、想象力和创新能力，提高人的审美能力，以情动人，潜移默化地渗入人的思维和个性活动中，从而开启由抽象思维到自由创新的路径，促进教育主客体的创造性想象，启迪人的智慧，扩展思维空间。同时，美育积淀着理性的感性形式，使教育主客体能够在教育活动中增强对真理探索的热情，科学研究的热情固然来自人们对真理的追求，但同时往往也有精妙深沉的审美情感的参与，而审美的感性直观性恰好激活学习研究中所需的热情。

第三节　美育融入大学生思想政治教育 有效性的对策

一、结合美育素材，挖掘大学生思想政治教育的理论之美

课堂是教育理论和实践并行的主阵地，借助美育素材，如课堂语言、案例教学和教育内容艺术性的方式，充分发挥美育在大学生思想政治教育中的作用，挖掘其理论之美。

（一）发挥语言的艺术性

教师在传授知识的过程中，应有效运用自身的语言素养，娴熟恰当地使用各种语言技能和技巧，使语言的审美属性得以充分体现，进而提高教学效率，拓展受教育者的思维，丰富他们的情感。

1. 课堂语言注重凝练、准确、逻辑性

课堂语言注重凝练。思想政治教育的相关教材和文件在内容和形式上按照既定的标准和格式编写，相较于其他学科，其模式化程度较高，政治性内容表述具有固定的范式，侧重于归纳性的逻辑结构。教师在课堂上成篇的理论宣讲或者毫无重点的夸夸其谈并不能吸引大学生，甚至会被认为过于烦琐枯燥或华而不实，导致他们不愿意听。教育者和宣传者对于课堂语言的转述不应是一字不落地照本宣科、囫囵吞枣，他们需要对教学内容融会贯通，提纲挈领地表达自己的教学思想和宣传内容。所以，课堂语言的凝练是达到有效课堂教学的首要环节，其中，关键词和核心语句的攫取和解读显得尤为重要。随着社会的发展，党和国家的领导方针和指导原则不断调整，大学生政治必修课的教材也应与时俱进。这就要求教学者从语言角度领会和把握党的文件、领导人的讲话、思政课教材的关键词和核心语句，凝练核心思想，紧扣要点，有的放矢，并将其简明扼要地传授于学生。

课堂语言力求准确。大学生思想政治理论课是以马克思主义理论为指导，以中国近代史为依托，以思想品德和法律为基础，以毛泽东思想和中国特色社会主义理论体系为主要内容的科学理论体系。它的基本概念、原理和观点都具有严密的逻辑性和科学性，这就要求课堂语言符合科学性和教育性，有鲜明的马克思主义立场、坚定的共产主义信仰和严谨的社会主义法律意识，而不能表达得含糊其辞，模棱两可，致使课堂语言苍白无力，对大学生的引导方向模糊不清。

课堂语言要求逻辑性强。首先，教学者要思路明确，层次分明，重点突出，条理清晰；其次，教学者在表述过程中要上下承接，顺理成章，遵循规律，合乎思维的逻辑结构，而不能忽视了教学内容的有机联系，所讲述内容不能只是教材内容的堆砌或相关概念的罗列；最后，教学者要深层次地挖掘教材内容之间的内在联系，并结合学生的知识储备和思维观念，进行逻辑推理，层层深入，从而取得良好的教学效果。

2. 课堂语言重视节奏和语调的抑扬顿挫

课堂语言强调节奏。课堂语言节奏是加强教育艺术感染力的重要手段，可以凭借其强烈和鲜明的节奏感，转化为学生的感官律动，引起他们心理节奏的共

振，进而产生教学美感。同时，教学者普通话要合乎标准，不受自身方言的影响，不断提高自己的语言表达能力。

课堂语言注重语调。教学过程中语调不能一成不变、平铺直叙，不能低声细语，也不能如雷贯耳，应该根据课堂内容而做出不同程度的改变。语调应抑扬顿挫，铿锵鲜明，平仄交替变化，高低起伏，高亢激昂，低沉则抑，可以作用于受教育者的感官神经，有助于受教育者的思维、记忆、联想等智力因素的提升，营造活泼热烈的课堂气氛。大学生思想政治教育内容固化，结构严谨，教育主体在讲述重点和难点的时候应掷地有声，有意识地提高音量，放慢语速，或者用低沉的嗓音。总之，教学者根据教材内容，适当地变换语调，或慷慨激昂，或不绝如缕，适当地运用停顿，使语言节奏抑扬起伏，提高语言的表现力，这样不仅能吸引大学生们的注意力，而且能深刻地震撼他们的心灵，最大限度地启发他们的思维和智慧，从而达到良好的教学效果。

3. 课堂语言表述诗化、优美化，声情并茂

诗化、优美化的语言，注重吸收中国传统文化中的精髓，将现代美与古代美有意识地融合在一起。近年来，中央领导人的讲话不再是对制度、规范和思想政治进行教条式的阐述，而是借助丰富的文化内涵，恰如其分地在演讲稿和下发的文件中使用优美的诗词，使其产生崇高物象的心灵涤荡和韵味。同理，在课堂语言中插入诗化、优美化的语言，不仅有助于扩充受教育者的语言储备量，而且可以吸引受教育者，提升他们的言语审美，促进主体美和客体美的统一。

感人心者，莫先乎情，情是课堂语言的精髓。仅仅依靠理论支撑的思想政治教育不足以教育人和感化人，还需要教学者根据不同题材、不同内容和不同基调去挖掘教材的情感因素，情动于中而溢于言，寓饱满的感情和浓郁的美感于课堂言语之中。此外，教学者的投入度和热情度，会给受教育者以强烈的情感渲染。所以，教学者在授课过程中课堂语言需要带入一定的感情色彩，以饱满的热情讲述知识，充分体现出思想政治教育的人文性和生动性，使大学生们的情感受到感染，引起心灵上的共鸣，学习教材，加深对理论知识的理解，以情感人，以情动人，以情化人。这种方式的情感教育对政治、理想、道德、信仰的传播和熏陶是相当重要的。

（二）借助案例的艺术性

1. 设计案例，将文字输出转换为理论应用

传统的理论知识灌输，对于新形势下大学生思想政治教育的教学效果并不理想。在尊重受教育者心理活动规律的前提下，要更好地满足个体的心理需求，让每个人的优势都有机会凸显和发扬，激发受众的主观能动性，就需要教育者和受教育者共同参与，对案例的优缺点或重难点进行讨论。教育者依据教学目的和教学内容的实际需要，收集、整理和设计案例，综合考量后确定要讨论的焦点和主题，对案例进行全方位的分析和预测。而受教育者需提前利用文献和网络搜寻有关资料，根据老师提出的问题进行思考和讨论。

受教育者把书本的知识、教师的课堂语言和课外的资料自主地统筹结合，将文字输出转换为理论应用，在教育者的引导下，形成受教育者、学校和社会良性互动的教育应用共同体，让理论知识不再是单纯的、抽象的学理叙述，而是可以付诸实践的教育活动。在大学生的思想政治教学实践中，要充分发挥马克思主义大众化的语言艺术，从国家、社会和个人层面领会和阐释案例的理论储备和事实依据。以马克思主义理论为思想指导，将其真理性和实践性付诸现实，实现大学生、学校和社会的良性互动，而不是相互脱节，让教育失去原生意义。

2. 借助案例，多样化例证开发教学形式

（1）图片案例法

教育者作为教学活动的主要组织者和引导者，对于身边的优质案例需要保持高度的关注，在日常的工作和生活中要有收集案例素材的自觉意识，细心观察，仔细推敲。案例取之于生活，应用于生活。个人的亲身经历、各类图书的图片、新闻的故事图片以及网络热搜的焦点图片都可以作为大学生思想政治教育的图片案例素材。在课堂上，教育者可以结合教学内容，将这些图片融入案例中，这样不仅可以活跃课堂气氛，调动受教育者的积极性和主动性，而且能够让他们深入地领会案例背后的意义所在，贯通到大学生思想政治教育的相关内容中。

（2）视频案例法

在互联网发达的今天，各种视频直播 App 已经融入大学生的日常生活，观

看剪辑的小视频和直播早已成为他们日常的互动和交流方式。视频动态凝合着文字、声音和图片，协同大脑活动，从而在视觉和听觉上刺激人们的感官神经。教育者在课堂上借助视频素材，可以实现案例的动态化，以声音、动作和表情为受教育者呈现一种情景，让他们在接触和学习案例的时候获得情感体验。

（3）情境案例法

它所传递的内容是文化，文化是人类从事各种社会劳动的总和，教育来源于生活，而高于生活。教育者要基于人们日常生活创设情境，引导受教育者感受和领会其中的意境，根据自身的体验进行思考，比较自己未入情境和已入情境的感受，在情境中学会认识问题、分析问题和解决问题，在情境中应用所学的理论，提高个体各方面的素质和能力。

大学生实践能力和创新能力的提高是目前大学生思想政治教育课程改革的重点。将情境案例法应用于教学过程，就是将理论与实践相结合，在课堂注入美育因素，丰富大学生的情感体验和社会实践，开阔他们的视野，为他们之后进入社会做好准备，在实用层面实现教育的真正价值。

（三）塑造内容的艺术性

1. 以美启真

（1）遵循客观规律，讲真理

大学生追求真理的方式多种多样，可以从书本中获取，课堂上老师的教授，还可以借助审美的方式实现，不论哪种形式，都是以真理为最终旨归。思想政治教育直接针对现象作抽象的本质概括，追求客观性和科学性。而美育的"真"则是从人的情感角度切入生活的本质，是人类本质力量的感性直观。所以，对大学生意识的灌输和教化，就是始终遵循"美"与"真"的客观规律，按照时代和发展的要求，用最先进的思想政治教育真理去影响人、说服人、教育人，实现思想政治教育的客观性和科学性。

（2）依据客观现实，论真理

在进行世界观、人生观、政治观、道德观和法制观教育时，抽象的理论教育在课堂教学过程中略显单薄。所以在教育的过程中，要依据客观事实，收集与课堂内容相关的政治历史事件、英雄模范、先进人物、法制案例，来讲述其中所蕴含的真理和应该汲取的经验，以情感和形象的手段，实现知识性和情感性的统一，以形见理、以美启真，注重在特殊的、具体的直观领悟中把握真理，在美的意境和形象中启示真理，在情感实践中掌握真理。

2. 以美怡情

（1）丰富情感，认识自我的人生价值

大学生对课堂灌输的世界观、人生观教育有着先验式的抗拒，犹如翔实的内容框架缺乏情感的填充，所以，美育所带来的情感体验就显得尤为重要，黑格尔曾言及美感教育的目的就是要把欲念、感觉、冲动和情绪修养成为人本身。所以，在大学生思想政治教育课堂中，欣赏音乐、照片、绘画、诗歌、演讲纪录片等所带来的美感体验，可以有目的、有计划、有方向地引导他们情感发泄和本能冲动，丰富他们的情感体验，提升精神境界，对大学生的世界观和人生观教育注入情感成分，从而实现自我的人生价值。

（2）协调机能，促进大学生的身心健康

在课堂之外，带学生参观博物馆、科技馆、会展馆、音乐厅、绘画中心等，引导学生积极参与各项审美活动，这些活动所提供的娱乐性和自由性，能让大学生在学习之余，消除疲劳，使身体和心理得到放松，舒心通气，协调各方面的机能，促进大学生的身心健康。

二、借助美育手段，拓宽大学生思想政治教育方法之美

大学生美育是多维的、动态的、开放的教育体系，整个体系内的每个维度、每个组成元素之间相互联系、互相作用、共同发展。基于对传统教育形式的经验总结，以前瞻性的视野去创新美育手段，拓宽大学生思想政治教育的教学方法，从灌输走向对话。

（一）理性教育同感性教育的有机结合

理性教育和感性教育是构成完整教育系统的必要成分。理性教育侧重于传授理性知识，构建科学文化的知识体系，提高理性的思维能力，培养判断推理等

逻辑能力。感性教育侧重于发展人的感性能力，包括培养人的目的和动机的能力、灵感和直觉能力、想象力等，主要表现在本能、欲望、需要、动机、情绪、直觉、灵感、信念等方面。

一方面，思想政治教育的基本方法就是晓之以理、动之以情、异之于行。它是以马克思主义为理论指导的政治性教育活动，教育主体以理性思维的客观态度，通过思想灌输和理论宣传给教育客体以偏理性教育，注重社会主义的教化和灌输，意在提高大学生的思想觉悟和认识能力，塑造大学生的社会主义思维，并推动对客观世界的改造。但是，这种在纯理性原则指导下的思想政治教育方法，其育人作用是有限的，很难达到预期的效果。

另一方面，内在的要素结构欲达到理想的组合，就应该与相应的外在结构契合。对大学生施以思想政治教育，需要将思想政治教育的外在理性教育形式和美育的内在感性因素相结合，让内容和形式更好地融合，寓教于美，方能在美的规律和节奏中得到陶冶和感染。但需要注意的是，理性教育与感性教育同等重要，针对不同的教育内容和不同的教育情境需要进行合理的选择和定调，将理性和感性统一于美育之中。

（二）静态教育与动态教育的和谐统一

静态教育是相对静止的教育方式，可以开拓受教育者的思维，引起他们深思和想象；而动态教育是借助感官或带有动作行为的表达方式，以声音、视像效果和感官享受为主。譬如诗歌、音乐等艺术表现形式，旨在发散思维，引起共鸣，培养创新精神。

传统的应试教育缺乏创新性，容易让学生为考试成绩而把自己长期禁锢在课本中，学生的思维处在持久的静态环境中，既不利于学生思维的拓展，也容易使其失去对学习的兴趣。对于思想政治的学习更是如此，知识的获取并不是单单靠课堂的学习，或是自己的理解。因此，静态教育与动态教育相结合是势在必行之法。

具体来说，大学生思想政治教育的静态教育是当前课堂教育的主要模式。要让思想政治教育成为学生群体主动喜爱和学习的学科，还要充分发挥美育的动态教育方法，动静结合。一方面，可以借用图片、绘画、雕塑、音乐、照片、板报、校报、杂志，摘选迎合学生喜好的艺术表现形式。软萌的用语、时尚的嘻哈编曲、实时的新闻话题，甚至是古希腊的雄辩术，都可以使美的内容贯穿思想政治教育教学全过程，而不是一如既往地灌输刻板的理论，要让受教育者们主动地参与到教学过程中，充分调动他们的积极性，让思想政治教育不仅仅是一门教育，将其升华到艺术层面，从而更有吸引力和感召力，推动思想政治教育有效性的实现。同时要紧随科技发展的步伐，充分利用高科技成果，创新教学手段。可以利用新兴的VR技术，模拟现实，给受教育者切身体验，视听结合，集声、像、图、文多重美育方式，传递教育内容，使整个教育过程动态化、形象化、生动化、逼真化。另一方面，要细心观察每一个受教育者，发现他们的长处和短处，以及他们的喜好，因材施教，根据个体的差异性安排不同的任务，并在此过程中重视和挖掘受教育者的潜力，这样不仅可以提高受教育者在各方面的素质，而且能够丰富他们的课堂生活，让他们从无感厌倦转为喜欢热爱这门课，增强思想政治教育的吸引力和影响力，让学生主动认识到思想政治教育的真正魅力，进一步实现静态教育和动态教育的和谐统一。

（三）显性教育和隐性教育的理性融合

显性的思想政治教育是运用常规的教育载体和手段，有组织、有计划、有目的地对受教育者进行思想灌输并对他们产生影响。显性教育和隐性教育的教育目标一致，但显性教育的方式比较单一，以直观地沟通和传授为主，而隐性教育以潜隐性、知识性和愉悦性为特点，以渗透式和渐进式来实现"润物细无声"的教学效果。隐性教育是教育者根据一定的教育目标，开发和利用隐性教育资源，采用比较隐蔽的方式，引导受教育者在预先创设的情景中通过亲身体验获得道德观念、价值观念和思想观念的转变。

良好的情绪状态对人的认知思维有重要的指引作用。当人情绪愉悦的时候，思维敏捷，可以提升创新力和想象力，一定形式的美育可以增加这种感受力，促进思想政治教育在潜移默化中传播。以载体为特征的隐性教育，并不是单纯的语言传授，而是将教育目的隐藏到美的活动和美的环境中，将美育设计的载体与知识性、思想性和娱乐性融为一体，寓教于乐、寓教于文、寓教于学，在教育过程中，让大学生在欣赏思想政治教育美的同时，学习到知识。

教育的本质在于将人类优秀的文化成果传递给下一代，并且经过反复的验证和推翻，有目的有选择地丰富人的知识储备和提高人的技能水平，影响人的思想品德。教育既是培养人的一种工具，也是一种手段。在运用这种工具和手段的时候，不能单一地依赖隐性教育或显性教育的方法，要综合运用或交替使用，将公开性和渗透性统一，发挥两种教育方法的双重优势。

在实现显性教育和隐性教育理性融合的时候，还需要注意有意识教育和无意识教育的结合。美育的全面性不仅表现在意识层面的自我丰富、自我发展，也表现在无意识层面，深入地促进个性的发展。近百年来，无意识层面是人类自我认识理念的重点突破。很多研究发现，美育产生于意识与无意识的广阔领域，并贯通于两个领域之中。弗洛伊德对审美活动和无意识联系的分析有一定的价值参考，他认为无意识跟审美冲动、审美表现、审美创造与审美自由有着密切的关系。在开展美育活动过程中，无意识与有意识之间进行双向互动，使这两种意识在生活中得到了升华。有意识教育是按照思想政治教育的目标，以理论灌输的方式来传递思想政治教育的内容，无意识教育是教育者为受教育者提供理想的受教环境，使受教育者在潜移默化中接受思想政治教育的过程。

在思想政治教育过程中将无意识的冲动表现，约束在社会的思想、政治和社会伦理中，激励个体在无形中去积极体会和感悟其中的美感，努力让受教育者感受心理上的轻松、愉快，激发他们主动接受的冲动，实现教育目的。无意识教育可以激发人的心理冲动和欲望，以无意识教育的优势来弥补有意识教育的不足，提高思想政治教育的有效性。重视人文关怀、知性教育，注重大学生的精神成长和思想升华，强调潜移默化、润物细无声的隐性教育方式，久远地、静默地、逐步地感染人、影响人、教化人，让大学生在无形中接触和吸收正确的、先进的、高雅的知识，远离和摒弃谬误的、落后的、低俗的知识。

其一，寓教于乐，将思想政治教育的内容渗透到日常娱乐活动和具有知识性、趣味性的活动中。譬如，说唱比赛、团体实践活动、相关主题教育，以增强思想政治教育内容的渗透力，提升大学生的道德素质和价值观念。其二，寓教于文，以生动形象的文学艺术来感染受教育者，将思想政治教育的内容融入音乐、戏剧、绘画、雕塑、影视、诗歌散文、小说等文学艺术载体中。比如，举办小型的红歌比赛、表现社会主义美的手机摄影作品、录制体现大学生风貌的小视频、举办爱国颂美德的诗词大会、朗读优美的散文，借助这些形式所塑造的美好氛围，激发受教育者的审美情感和兴趣，让思想政治教育过程活起来。其三，寓教于学，每个教育者都应该意识到各学科之间的联系，在人文社科教学过程中，教育者应将与人文社科有关的知识同社会意识和价值观念传输给受教育者，并在其他学科的教学过程中，认识到思想政治教育与其学科专业发展的联系，对受教育者进行思维启发，引导其从中找到知识层面的共性，从而实现无意识教育和有意识教育的理性融合。

三、利用美育特性，塑造大学生思想政治教育主客体互动之美

教育主体和教育客体是教学活动的两大基本要素。教育者作为教育主体，是理论教育的实施者和主导者；而受教育者作为教育客体，是教育主体施加影响的对象，也是教育活动的直接指向。大学生思想政治教育活动，是客体主体化、主体客体化的双向互动，借用美育特性，塑造教育主客体互动之美。

（一）推进教育主客体的双向交流

1. 教育主体积极引导、组织和评价

培养个体的创造力已成为诸多国家在教育目标上的共识。美育作为创新教育内容的重要组成部分，是我国素质教育的一个基本环节。因此，发展自由创造性是当前我国教育理论和实践应给予重视的一个方面。大力推进美育与马克思主义理论的交融，可以加强思想政治教育的创新力。美育作为素质教育的重要内容，其挖掘个体创造力的根源在于培育和激发个体生命力，为思维和实践的创造提供无限动力。大学生在接受思想政治教育的过程中，如果没有教育主体的正确引导，理论素养的提升就会陷入一种无组织、无纪律、盲目的状态。所以教育者需要积极发现自身存在的问题，提高教育教学质量，对教育客体进行积极的引

导，组织课堂学习，课后进行科学的教学评价。

2. 建立新型的教育主体和教育客体的关系

教育者和受教育者的关系是平等的，都具有独立自主性和主观能动性。美育是以自由创造为本质，以个性化、生动化、自由化为审美基调，将专注的、投入的、愉悦的情感适当、自由地解放，减轻对深层次心理活动的压抑和束缚，探索新事物和新方法、产生新感受和新经验，表现新观念和新题材，追求独创性的意识和价值观念。重视沟通，强化教育主客体的竞争关系和合作关系。借助美育的自由创造性，教育主体在教的过程中，尊重教学客体，相互交换意见，分享彼此经验，合作设计相关课程，甚至互换主客体身份，使受教育者在课堂学习中，比教育者更了解何种方式最合适，激发各自的创造力。教育者要积极更新观念，进行创造性教学，不断提高自身的创造力，二者相互协调，相互促进，共同发展，建立新型的教育主体和教育客体的关系。

（二）强化教育主体的榜样作用

思想政治教育要真正说服人，一靠真理的力量，二靠人格的力量。真理的力量就是宣传者和教育者所宣传和讲述的内容必须符合实际，反映事物的本质和社会发展规律；而人格的力量则是宣传者和教育者需言行一致，以身作则，率先垂范自己所提倡的优良品德和价值观念。

1. 注重教育主体的言谈举止、气质仪态

思想政治教育借鉴美育的形象陶冶性，可以克服照本宣科式的枯燥说教和抽象释理。思想政治教育偏重由外向内输入，受教育者在具体的教育过程中处于被动接受的状态，处在这个位置上的受教者，意识惰化、心态消极。这就要求在大学生思想政治教育的过程中注意激发受教育者的兴趣和主观能动性，变消极被动为积极主动。

一个人在待人接物方面的教养并不是在外在的硬性规定或强制要求下形成的，而只能在潜移默化中实现。利用美育的外在优势，让受教育者在接受思想政治教育的过程中，渐渐掌握行为举止的分寸，通过对语言美、行为美和气质风度美的培养，不仅使外部行为得以发展，而且促进其心理的发展。应当指出的是，行为举止的美感，并不要求千篇一律的相同美或相似美。恰恰相反美育充分尊重个体的主观能动性，自由发挥个体的个性，在美育中培养带有个体特征的行为美，使个性通过外在美的形式表现出来，塑造个体独特的语言美、行为美和气质风度美，进而形成个体的整体美。它既是美的，也是合乎思想政治教育要求的；既是个性的，又与其他要素相互协调。

2. 加强教育者的道德情操

教师本人是学校最重要的师表，是直观的最有效益的模范，是学生活生生的榜样。德为师之本，教育者正确的世界观、人生观和价值观，以及高尚的道德情操是教育者将自己的才学应用于传道授业的根本保证。高尚的道德情操和良好的道德修养是教育者心灵美和行为美的体现。在思想政治教育过程中，教育者借助美的陶冶性，充分将自己的心灵美、行为美、语言美以垂范的形式发挥出来。在集体主义方面，教育者应该在教育队伍中，正确处理集体和个人的关系，树立大局意识，培养热爱集体、关心集体的情感；在社会公德方面，倡导文明礼貌、助人为乐、爱护公物、遵纪守法、崇尚自然、保护环境的公共意识；在职业道德方面，加强自身的职业道德修养和服务他人的意识；在家庭美德方面，要尊老爱幼、互谅互让、和邻里团结友爱。

（三）促进教育客体的主观认同

美育的趣味愉悦性是指美育应具有的趣味性和吸引力，使受教育者对审美的创造和欣赏保持长久、浓厚的兴趣。从思想政治教育客体来看，美的趣味愉悦性源自美育过程中对个体差异的理解和尊重，这就意味着在对大学生进行思想政治教育的时候，要充分满足每一个受教育者在发展中的需求，进而激发大学生独创性的充分潜质。

美育的趣味愉悦性在教育过程中对个体的尝试。人们的兴趣爱好往往出自对某种新鲜事物自发的冲动，没有冲动性的实践就不会形成后天的兴趣。当教育实践被赋予兴趣驱使的内在动力时，这个过程将会变得更加生动有趣，充满吸引力。而这种境界的创造，不能仅仅依靠思想政治教育枯燥的理论灌输和强制学习，而是需要以美育的趣味愉悦性为助力，由个体在自由、生动的环境下进行自我探索和尝试。

就主观认同而言，如何掌握和运用媒介并以此来达到与内心冲动相适应的表现形式，仍将是一个持续探索的问题。在这样一种状况下，我们应该将感性的素材打造成一个有意义的对象并完成某种悟解。同样的教学内容可因人、因时、因地而异，用差异性来突出教学活动的探索性和尝试性，美育的趣味愉悦性正是因鼓励这种有差异的探索和尝试而显得趣味盎然，使受教育者积极主动地接受思想政治教育，并陶醉其中。

美育是有个性的，是注重过程本身的、自由的探索和尝试，类似于游戏，将美育的自由性与趣味性融入较为严肃的思想政治教育过程中，不但不会产生矛盾，相反，这种创新性的结合会碰撞出火花，赋予思想政治教育新的生机和活力。在马克思看来，当人类社会进入共产主义阶段时，劳动便脱离其本身的性质而转变成使人们有乐趣的活动。虽然这种理想状态在当下社会还不能实现，但是美育可以使这一过程蕴含着乐趣并对这一理想的追求予以充分的肯定。

（四）深化教育客体对同辈群体的影响

艺术是人与人之间进行交际的手段之一，美育为人与人之间提供情感交流的桥梁。这个突破了某些对话和身份障碍的"审美场"，是一个情感世界，它源于我们的日常生活，但又超越了它。与日常生活不同的是，在审美场中，个体的表现受到情感性的保障而得到暗示和激发，内心情感的显露是安全的。而相同的教育经历和相仿的年龄、兴趣、价值观及行为方式的同辈群体，是大学生在校期间相处时间最长久，影响力最深刻的群体，其具有的内聚力、平等关系和亚文化对大学生的成长至关重要。我们在欣赏艺术作品，如雕塑、音乐、文学影视作品，抑或与"古人"对话、同其他民族和国家的人们交流互鉴，在亲密的融合中深刻释放内心的感触，流露真情实感，审美的情感世界突破了个体情感交流的时间和空间障碍。将美育与思想政治教育融合，使大学生在思想政治课堂中充分体现合作的精神。每一次比赛，每一场演出，都使参与者感受到与课堂教育截然不同的精神之美，他们在相互聆听中不断增加自身的情感共鸣。思想政治教育的环境同样需要营造这样一种气氛，透过学生们的情感世界，酝酿出每一个个体对思想政治的真切感受，在弥漫着情感意识流的审美场中，使大学生群体在接受教育的同时获得真挚而又深切的集体心灵对话。

美育通过对审美力的培养，促进了分享式的情感理解力的发展，深化同辈群体的影响。美育的内在渗透性在想象力的牵引下，有了情感的移送和分享，它可以穿越人际隔绝之墙，进入他人内心深处，获得感同身受的理解。这种体验超越其他一般性的感情交流，不是从他人的立场"设身处地"地设想，而是将他人的体验放到自己身上。从分享层面上讲，这是一种深层次的共鸣，美育的内在渗透性就是由我及他的扩张性移情，使审美感受，如压抑、解放、消沉、战栗、激动等生理反应，突破空间的限制，在共享和交流中达成"认同性共振"，促进深层次的交流互动，这是德育和体育所不能替代的特殊性。理性并不能完全带来情感上的共鸣，相反，会将他人的情感作为一个外在于主体的对象来分析和思考，从而让情感处于一定程度的抑制与约束状态。

四、拓展美育空间，创新大学生思想政治教育环体之美

大学生思想政治教育环体之美体现在大学生所依赖的政治环境、经济环境、文化环境、大众传播环境和学校、家庭、同辈群体环境的有机结合，与大学生精神文明建设息息相关，环体美对人内心的净化与熏陶是恒久稳定的。不仅让大学生生活学习的环境丰富多彩，还让他们赏心悦目，怡然其中。

（一）优化思想政治教育宏观环境

1. 经济环境

（1）落实经济制度，加强社会保障体系

首先，要加强全国高校马克思主义学院的建设。马克思主义学院是高校宣传和实施思想政治教育的中坚力量，高校对马克思主义学院的重视程度决定着大学生对思想政治教育的认识与态度。科研经费和师资力量是衡量学院实力的重要标准。我们要大力提高全国高校马克思主义学院的研究经费及扩大学院思政课的教师队伍，提升思想政治教育环境的硬实力。

其次，提高思政课教师和高校辅导员的福利待遇。思政课老师和辅导员作

为高校思想政治教育的主体，分别从理论和实践两方面构成教育附着点，来引导和加强大学生对思想政治教育的接受和认同程度。长期以来，高校思政课教师和学生辅导员待遇不高，工作繁重，不受重视，容易使他们在工作中滋生不满的情绪而影响思想政治教育的质量。因此，提高思政课老师和辅导员的福利待遇迫在眉睫。

再次，通过政策引导增加思想政治教育专业学生的就业率。思政专业的学生受到各方面因素的影响在找工作方面处于劣势，我们要通过宏观的政策导向给予一定的岗位，使他们能够施展专业技能，提高他们的学科自信和专业自信，在社会上广泛提高思想政治教育的影响力。

最后，鼓励大学生跨专业协作，作为自主创业的切入点。大众创业、万众创新已成为社会发展新的政策支撑点，大学生作为祖国的未来，拥有朝气活力和创新力。面临饱和的就业市场，创新才是突破重围的重要渠道。大学生可以自己专业所长，与其他专业的同学尝试合作，进行团队协作创业。素质教育是整个教育产业的核心理念，美育可以提供创新思想的自由。我们要以全面发展的教育理念来大力支持大学生走出专业瓶颈，通过与其他专业的学生协作自主创业来实现自己的人生价值。

（2）遏制网络经济乱象，培养大学生合理理财观念

从国家层面而言，应出台相关的政策法规来治理互联网乱象。加强网络法制建设是网络绿色发展的重要保障，也是目前亟待解决的重要课题。加强宪法实施和监督，推进合宪性审查工作，维护宪法权威。推进科学立法、民主立法，以良法促进发展、保障善治。一方面，加强互联网监管。网络是一个庞杂的虚拟空间，许多人为谋取不正当利益而打法律擦边球，我们要出台更加严密的法规，封锁网络空间的漏洞。另一方面，严惩网络犯罪分子。许多人钻网络监管的漏洞，以违法的手段来骗取大学生的钱财，针对这样的行为，监管部门要予以严厉的惩罚，净化网络环境为大学生提供良好的上网环境。

从个人层面而言，大学生群体自身在消费观念上也存在一定的缺失，为此我们要引导大学生规避在消费观上的误区，培养合理的理财观念，运用盈余的生活费去创造小财富。俗话说，"你不理财，财不理你"，这句话从侧面反映了理财

的重要性。首先，父母作为第一监护人，不能太溺爱孩子，应给予其合理的生活费，以控制过度消费。其次，高校应承担相应的责任，让大学生回归理性思维。定期举办金融知识讲座，让大学生学习理财知识。开展网络消费和网络安全教育，让大学生认识到网络的危险性，要增强网络防范意识，做到理性消费。最后，对于各方面都满足条件的大学生来说，可以尝试通过理财的方式增加自己的财富。目前社会上的理财方式有很多种，如定期存款、活期理财产品、基金产品、股票等。大学生可以根据自身的经济能力，选择不同的方式。活期理财产品，譬如支付宝推出的余额宝，这款产品因投资门槛低，存取灵活，利息较银行活期存款高出很多而受到青睐。大学生把剩余的生活费放到诸如余额宝之类的理财产品中是一个不错的选择。基金产品相比活期理财收益率会较高，根据基金产品的分类，可以分为指数型基金、股票型基金和混合型基金等，大学生可以根据风险的承受能力选择适合自己的投资方式。股票作为最流行的投资品种深受大家喜爱，它是高风险和高收益的典型代表。家境丰裕或者具备一定金融知识的大学生可以适当选择股票进行投资。基于以上意见，大学生通过合理理财，养成科学合理的消费观。

2. 文化环境

（1）以社会主义核心价值观为引领，全面推进思想道德建设

社会主义核心价值观的提出对于当今大学生思想政治教育环境的塑造具有重要的意义。社会主义核心价值观的建设是当代中国社会主义文化形态的重要表现形式，是民族精神的烙印，也是思想政治教育发展的重要载体。社会主义核心价值观的培育和践行，既是引领思想政治教育价值审视的关键一环，也是重塑大学生群体思想道德意识的有效途径。社会主义现代化建设的任务艰巨，大学生群体要自觉加强道德修养，摒弃道德失范行为，以践行社会主义核心价值观作为完善自我的重要途径，切实承担建设道德社会的重要使命。

（2）以中国传统文化为本位，借鉴吸收其精髓

中国传统文化博大精深，拥有几千年的历史，自诞生以来，一直占据着世界文明的一席之地。在历史的长河中，中华民族逐渐形成了带有中华文明烙印的价值观念和精神魂魄。中国传统文化既具有历史继承性，又具有强烈的现实性和

当代性。

3. 大众传播环境

（1）利用新媒体创新传播方式，推动优质资源的社会共享

大众传播媒介是思想政治教育环境的重要手段，也是营造社会舆论的有效办法。大学生是思想政治教育受众的主要群体，我们要充分利用大众传播媒介来提高美育在大学生思想政治教育中的传播效率。随着社会的发展与进步，大众传媒的影响力也在不断加强，日益成为大学生群体所依赖的关键因素。报纸、广播、电视机等传统媒介受到校园环境的影响而存在一定的差异，因此，互联网成为大学生群体获取信息的首选渠道。网络具有传播速度快、受众范围广、互动性强等特点，受到大学生的青睐，从诞生之日起就不断地影响着大学生群体生活的方方面面。

从传播主体来看，要切实加强高校教师对美育在思想政治教育中重要性的认识，提升思政课老师在互联网方面的专业程度，打造一支可以应用网络向大学生传播美育的内容的专业队伍。要借助大学生所喜欢的应用软件，贴合他们的生活实际，分享广受他们喜爱的具有教育意义的内容。例如，开设微博、微信公众号、抖音等。微博是时下非常时髦的多媒体软件。它通过互联网平台把一群兴趣爱好相同的人聚集在一起，我们可以利用微博博主的粉丝效应，打造具有地方特色的思想政治教育微博账号，提供各种各样生动有趣的时事新闻来提高大学生的关注度。要时刻关注大学生的思想动态，发布开放性话题进行讨论和投票，一方面，让全国高校的大学生在自媒体平台畅所欲言；另一方面，根据投票促进大学生与院校、思想政治教育的互动，取长补短，进一步完善思想政治教育的传播路径。微信是大学生使用较多的社交软件，几乎覆盖了所有的大学生群体，我们可以借助微信平台，创办思想政治教育的公众号，定期定时发布能够吸引大学生眼球的消息，或者开发多样化的答题小程序，通过计分的方式争取名次，既不失风雅又趣味十足。抖音是目前最火热的视频应用软件之一，是年轻人展示自己的平台，高校的共青团、党委成员、辅导员可以组织、宣传大学生拍摄诸如助人为乐、乐善好施或者是幽默的教育小视频，全方位多角度地推进思想政治教育的传播，推动优质资源的社会共享。

（2）注重传播反馈，加强传播效力

思想政治教育一直注重单向性的灌输，不注重收集受教育者的反馈信息，所以收效甚微。互联网技术的高速发展，给思想政治教育的传播提供了更为广阔的空间。大数据是互联网环境下的最新产物，它的功能是把零散的数据聚齐起来，进行解读，从中挖掘出有价值的信息。当数据成为这个时代最为重要的资源时，一些曾经难以攻克的问题便迎刃而解。

一方面，可以通过大数据技术精准地发掘受众群体的价值导向，以此判断美育在大学生思想政治教育中的实际影响力。借助大数据可以分析思想政治教育传播的宏观环境，经过总结分析，国家可以制定出相应的政策指导。另一方面，大数据可以解决传播机制中的反馈问题以了解受众群体的思想动向。建立相应的数据反馈机制，可以代替以往传统的调查问卷的方式，提高信息反馈的精确度。同时，我们还能够利用数据及时了解大学生群体的行为动态，随时随地做出调整，以提高传播效率。

（二）美化思想政治教育微观环境

学校环境、家庭环境和同辈群体环境是大学生思想政治教育过程中的重要因素，针对大学生思想政治教育的环境进行美化，从宏观出发，落脚于微观，从教育客体的生活实际入手，创造学校、家庭和同辈群体共同参与的新格局，形成学校、家庭和同辈群体的微观合力。

1. 家庭

（1）转换家庭教育观念，注重孩子身心健康

孩子大多在异地求学，很多时候家长需要去主动关心孩子的近况，不能仅停留在关心学业成绩上，而是要洞悉孩子身心健康，比如人际交往、日常生活等。要随着孩子的成长和学业的进度不断更新对孩子的关怀和关注点，正视孩子关于爱情观、择业观、择友观，并进行一定的引导，及时转换家庭教育模式，给予孩子一个符合身心健康发展的环境。

（2）与学校建立有效的沟通机制，营造人文关怀氛围

父母不在孩子身边，在与孩子进行日常视频或语音通话的时候，如果发觉孩子较为反常并不愿透露想法，要及时和辅导员联系，了解孩子的生活和心理动

态，以辅导员为联络中心，和孩子、辅导员建立互动关系网。此外，辅导员也可以设立家长群，以便于家长与辅导员的日常交流和互动，并对学校的教学信息和孩子的就业意向进行了解，营造人性化、充满温情的人文关怀氛围。

（3）提升家长自身道德修养，维持和睦的家庭关系

家长需要提高自身的思想道德素养来为孩子做好榜样。家长对孩子施予的教育影响，尤其是在道德方面，具有很好的启蒙作用。家长的自身修养对孩子的品德养成极为重要，家长首先要严于律己，德智并重，以身作则，将自己的道德观念和道德行为潜移默化地传递给孩子，培养孩子明辨是非的能力，为孩子树立可亲可敬的好榜样。

2. 学校

大学阶段，学校不仅是大学生生活和学习的场所，而且是一个让他们展示自身能力和打造自己的平台。他们可以借助学校的教学设施、图书音像资料、社团活动来合理规划自己的学校生活。校园文化对大学生的思想行为和价值观念都有着潜移默化的影响。良好的校园文化可以塑造人的思想品德，提升人的精神境界，陶冶人的道德情操。校园文化建设不仅体现在硬件上，更体现在软件上，要提升大学的内在精神，凝练大学的独有气质，弘扬中国优秀的传统文化，让校园环境的育人功能、塑造功能和审美功能达到有机统一。

（1）校园文化

大学的校风和校训以高尚的道德追求、深刻的哲学思考、丰富的文化内涵和精辟的治学之道，对大学生的文化素质施加持久的思想教化。根据高校的历史背景、地域差异和学科差别，要不断与时俱进。同时，大学的校风和校训不能摒弃之前的文化传统，要坚持自身的特色。此外，要坚持以人民为中心的创作导向，在深入生活、扎根人民中进行无愧于时代的文艺创造。以大学生为中心，结合时代特色，丰富校园文艺活动。开展各种名师和名人的讲座，在校园网平台提供公共课教育资源，借助名师和名人的影响力和感召力，深化内容的思想性和学术性，启发大学生的创造力和想象力，如被誉为"中国式慕课"的典范的北京大学"艺术与审美"课程的资源共享；在学校的文化活动中，体现学校的风格和特性。开展各种文化节、科技节、体育节、学术节、才艺大赛、社团文化活动，尽

量动员大学生自行拉赞助、做指挥、安排各项校园文艺活动，在这个过程中锻炼大学生自立和自理能力，培养他们的合作意识，加强与社会的互动，为之后的择业培养客观理性的认知；组织各种社会公益活动、志愿者活动、户外徒步活动和野外生存活动，以此来培养大学生的集体主义意识和传统的革命精神。

（2）学校环境

学校环境的整体美化需要合理规划，讲究整体性的和谐美，在校园建筑中突出本校的特色，根据本校的发展历史、校风传统和办学特色，修建个性化景观，在规划设计中凸显本校的历史意蕴和文艺气息，让学校的整体环境建设体现人文性和艺术性，为学生创造一个恬适、优雅，充满青春气息的育人环境。比如，北京大学、清华大学、武汉大学、厦门大学等高校不仅实力雄厚，而且其中国古风式和民国特色的校园硬件设施吸引着广大学生，学校环境凸显出中国建筑美。让学生在知识海洋徜徉的同时，欣赏校园环境的自然美、建筑美、科技美来达到物我交融，升华自身的审美体验。

3. 同辈群体环境

（1）强化核心人物的教育引导

同辈群体关系的建立往往是以相仿年龄为基础，以相似的三观、兴趣爱好为感情交流互动的纽带，人人以平等的身份，自发地参与进来，实现社会发展的需要。在同辈群体环境中，有较高影响力和威信力的中心人物，进行群体领导和决策，能够带领群体高效运作。优化同辈群体环境，强化核心人物的教育引导作用，从审美观、世界观、人生观、价值观和思想观出发，强化对群体的教育引领，坚定马克思主义的政治立场，自觉践行社会主义核心价值观，树立科学的价值取向，充分发挥积极向上的感召力和影响力，确保同辈群体环境往正确的方向发展。

（2）加大学校、家庭、社会的监督和支持力度

同辈群体凭借彼此之间的互动而获得相应的身份，与父母和子女，老师和学生的关系相比，同辈群体交流会更频繁、更亲切，更为有效，他们在交往中有大量的信息传递和分享，在共同的兴趣爱好面前，让他们拥有更多的共同语言，经过探讨和切磋促进了群体内聚力的形成和意志的统一。

参考文献

[1] 张娉 . 新时期高校美育与学生教育管理研究 [M]. 长春：吉林出版集团股份有限公司，2022.

[2] 陈琦，李佳 . 以美化心以美育德 高校审美教育研究 [M]. 长春：吉林人民出版社，2021.

[3] 马佳玉 . 大学生美育创新研究 [M]. 长春：吉林美术出版社，2024.

[4] 田钰莹，王莹，王肖南 . 当代高校美育理论与实践创新 [M]. 长春：吉林大学出版社，2023.

[5] 焦豫丹 . 现代美育理论及其教育实践探索 [M]. 汕头：汕头大学出版社，2023.

[6] 周晏悦 . 高校美育建设与艺术审美 [M]. 长春：吉林出版集团股份有限公司，2022.

[7] 冉政 . 新时代大学生美育教育与思想政治教育创新研究 [M]. 重庆：重庆大学出版社，2022.

[8] 吴奕，金丽馥 . 新时代高校文化育人理论与实践 [M]. 镇江：江苏大学出版社，2021.

[9] 王楠 . 高校美育教育创新路径探究 [M]. 长春：吉林出版集团股份有限公司，2023.

[10] 岳欣云，董宏建 . 素养本位的教育：为何及何为 [J]. 教育研究，2022，43（3）：35-46.

[11] 邹婧 . 高校美育的发展及艺术审美研究 [M]. 哈尔滨：北方文艺出版社，2023.

[12] 周翠 . 高校美育德育的当代发展研究 [M]. 北京：中国纺织出版社，2021.

[13] 刘致畅 . 高校美育课程建设与开发研究 [M]. 长春：吉林大学出版社，2022.

[14] 祁志祥 . "美育"的重新定义及其与"艺术教育"的异同辨析 [J]. 文艺争鸣，

2022（3）：98–105.

[15] 李忠昌，鲁小艳 . 高校美育发展改革与实践研究 [M]. 北京：中国纺织出版社，2023.

[16] 谭传芳 . 新时代高校美育课程的开发与创新 [M]. 北京：中国纺织出版社，2023.

[17] 崔晋文 . 思想政治教育中的美育问题研究 [M]. 武汉：武汉大学出版社，2021.

[18] 邓韵 . 马克思主义理论教育中的美育实践研究 [M]. 武汉：湖北美术出版社，2021.